JN040278

桃太郎電鉄でわかる都道府県大図鑑

監修 村瀬哲史
株式会社コナミデジタルエンタテインメント

宝島社

はじめに

この本は、『桃太郎電鉄 〜昭和 平成 令和も定番！〜』の世界観を楽しみながら、47都道府県の特徴や、産業・名所・名産品・伝統文化が学べる大図鑑です。都道府県ごとに、地図や写真、文章を見ながら「地理」の知識が自然に身につきます。ゲームの情報もたくさん載せているので、地理もゲームもいっしょに楽しみましょう。

目次

本書の使い方

この本は、「各地方のページ」「各都道府県のページ」「各地方の物件名一覧」を併せて読むと、
47都道府県のことがよくわかるようになっています。

↑各地方のページ
各地方のページでは、それぞれの地方の特色を解説しつつ、全体図をゲーム画面を使って紹介しています。

↑各都道府県のページ
各都道府県の特色やデータを紹介しつつ、地図を掲載しています。併せて、各都道府県のことがよくわかる「場所」や「名産品」についても解説しています。

↑各地方の物件名一覧
ゲーム内で登場する駅や物件を全て掲載しています。ゲームは架空の世界ですが、実在している場所や名産品について解説しているものもあります。

本書の掲載内容について

●本書に掲載している内容は、2021年6月15日現在のものです。発行後に変更になる場合があります。
●本書に掲載している実際の施設・企業名や、それらに関する情報は、編集部が独自に選定したものです。ゲーム内に登場する「物件」や情報と関わりはありません。●本書に掲載している統計は、公益財団法人矢野恒太記念会『日本国勢図会 2021/2022年版』ほかによります。

北海道地方

47都道府県で面積が最大の北海道は、日本の国土面積の約2割を占めています。農業や漁業、酪農が盛んで、牛乳やチーズ、バターなどの乳製品を日本全国に出荷しています。

世界遺産に登録された知床半島は自然がいっぱい

P4
北海道

函館には星形の城郭「五稜郭」があるよ！

↓東北地方
(P9)

広大な土地と自然豊かな北の大地
北海道

? どんなところ？

日本最北端の都道府県である北海道は、ジャガイモやカニをはじめ、さまざまな農作物や水産物の生産量・漁獲量日本一を誇る。またジンギスカンや豚丼などのご当地グルメも豊富。

基本データ

道庁所在地：札幌市　　人口：約525万人
面積：8万3424k㎡　　人口密度：66.9人／k㎡

宗谷岬
礼文島
稚内市
利尻島
天塩川
天塩山地
北見山地
オホーツク海
サロマ湖
網走市
知床半島
国後島
色丹島
旭川市
▲大雪山
屈斜路湖
摩周湖
阿寒湖
根釧台地
日本海
根室市
歯舞群島
小樽市
釧路市
羊蹄山▲
支笏湖
●札幌市
洞爺湖
帯広市
日高山脈
苫小牧市
十勝川
奥尻島
渡島半島
太平洋
函館市
襟裳岬

最北端動物園（旭川駅）
観光
旭川市旭山動物園

動物たちの習性や行動を引き出し、本来の能力を観察できる行動展示で知られる日本最北の動物園。キタキツネやエゾヒグマなど北海道産の動物のほか、ホッキョクグマなど寒い地域に生息する動物も豊富。

火山博物館（洞爺湖駅）
観光
洞爺湖ビジターセンター・
火山科学館

1977年と2000年3月の有珠山噴火の記録映像の上映や噴火写真などが展示されている、1977年の噴火を、音や振動で体験することもできる。

3面マルチスクリーンで迫力の映像と音響を感じられる

動物たちの生き生きとした姿を間近で観察できる

※ ■色の項目は「場所」について、■色の項目は「名産品」について解説しています。

北海道がよくわかる！ 場所と名産品

東北地方
関東地方
中部地方
近畿地方
中国・四国地方
九州地方

のぼりべつクマ牧場

クマ牧場（登別駅）

たくさんのエゾヒグマが見られる

観光

ヒグマの単独行動型ショーや、「ヒトのオリ」というガラス室からのヒグマの観察など、ほかの動物園とは一風変わったアトラクションがある。子グマが生まれた年には子グマも見ることができる。

秋限定でドングリを持ち込むと入場料が割引される

ザンギ

ざんぎ屋（小樽駅）

北海道の一般的なから揚げ

食品

「から揚げにしたもの」という意味を持つ「ザンギ」は、北海道の郷土料理。ショウガ、醤油などで下味を付けた鶏肉のから揚げのこと。

豚肉や羊肉、鹿肉、タコ、イカのザンギもある

流氷記念館（網走駅）

観光

オホーツク海と流氷がテーマ

オホーツク流氷館

オホーツク海の流氷を展示し、どのようにできるか、仕組みを紹介する。そのほかにも、映像と音響を駆使した流氷体験ゾーンやクリオネなどの海洋生物の飼育展示もある。

夏でもマイナス15度の極寒を体験できる

砂金パーク（浜頓別駅）

観光

砂金採り体験ができる

ウソタンナイ砂金採掘公園

かつて川で砂金採りが行われたウソタンナイでの砂金採掘体験は、川に入って行う「川掘り」と、水槽で行う「水槽掘り」の2つがある。道具の貸し出しもあるので手ぶらで楽しめる。

伝統的な砂金採りの道具を貸し出してくれる

北海道

駅名	物件名	価格	収益率
① 礼文	浜鍋屋	1000万円	50%
	利尻昆布漁 (3)	3億円	7%
	クセのないさわやかなだしが取れる北海道を代表する高級昆布の1つ		
	ニシン漁	5億円	2%
② 利尻	利尻ラーメン屋	1000万円	80%
	ウニ丼屋 (2)	1000万円	100%
	利尻昆布漁	3億円	9%
	利尻ウニ漁	5億円	3%
	うまみ成分がたっぷりつまった利尻昆布を食べて育ったウニは絶品！		
③ 稚内	タコしゃぶ屋	1000万円	25%
	稚内市で水揚げされるミズダコの足を薄くスライスして、サッと湯通しする料理		
	ホッケ漁 (3)	3億円	1%
	タラバガニ漁 (3)	10億円	2%
	稚内牛牧場	16億円	2%
④ 天塩	チューブリン屋	1000万円	50%
	シジミ漁 (3)	1億円	4%
	天塩町のしじみは「ヤマトシジミ」という種類で、特に「青シジミ」は高級品とされる。		
	乳牛牧場	3億円	2%
⑤ 浜頓別	砂金アイス屋	1000万円	25%
	乳牛牧場	3億円	1%
	ホタテ貝漁	4億円	1%
	砂金パーク	6億円	1%
	毛蟹漁	8億円	2%
	オホーツク沿岸の浜頓別の毛ガニは身が引き締まり、風味が豊か		
⑥ 名寄	にしん数の子屋 (2)	1000万円	25%
	ひまわりグッズ屋	1000万円	50%
	ひまわり畑	5000万円	3%
	名寄市内にはいくつものひまわり畑が点在し、約500万本ものひまわりが咲き誇る		
	アスパラガス畑	5000万円	3%

駅名	物件名	価格	収益率
⑦ 和寒	カボチャ畑 (3)	3億円	3%
	越冬キャベツ畑 (2)	4億円	4%
	収穫したキャベツを雪の中に保存し、越冬させることで、甘みが抜群のキャベツ		
⑧ 留萌	ボタンエビ漁 (3)	5億円	2%
	牡丹の花のように赤い色をしているところから「ボタンエビ」と呼ばれる		
	カズノコ工場 (2)	10億円	4%
	正月の定番である「数の子」はそのほとんどが留萌市で生産されている		
⑨ 増毛	北海ミズダコ漁 (2)	4億円	2%
	ボタンエビ漁 (3)	8億円	4%
⑩ 旭川	ゲソ丼屋	1000万円	50%
	旭川ラーメン屋 (2)	1000万円	70%
	ななつぼし水田	1億円	2%
	ななつぼしは新潟県に次ぐ米生産量の北海道で作付面積トップを誇る		
	氷の美術館	10億円	3%
	最北端動物園	40億円	10%
	パルプ工場	80億円	2%
⑪ 上川	大雪山グッズ屋	1000万円	50%
	上川ラーメン屋	1000万円	50%
	大雪高原牛牧場	3億円	1%
	ニジマス養殖場	4億円	1%
	層雲峡温泉郷	80億円	2%
	層雲峡は石狩川の上流に形成された狭い幅で両側が切り立った崖からなる谷		
⑫ 砂川	おかき屋	1000万円	50%
	メロンゼリー屋 (2)	1000万円	80%
	バウムクーヘン屋	1億円	4%
	とうきびチョコ工場	10億円	7%

駅名	物件名	価格	収益率
⑬ 富良野	オムカレー屋	1000万円	50%
	ラベンダー畑 (2)	1億円	4%
	気候や土地に恵まれた富良野では、栽培が難しいラベンダーが楽しめる		
	黒小玉スイカ	2億円	3%
	タマネギ畑	2億円	5%
	純白トウモロコシ畑	5億円	5%
	富良野ワイン工場	10億円	2%
	スキー場	70億円	1%
⑭ 美瑛	タマネギ畑	1億円	4%
	アスパラガス畑 (2)	2億円	10%
	春の風物詩であるアスパラガスを、昼夜の寒暖差が激しい気候で作り出す		
	美瑛石工場	3億円	1%
	ジャガイモ畑 (2)	5億円	5%
	北海道はジャガイモ生産日本一でさまざまな種類のジャガイモが栽培されている		
	農機工場	28億円	1%
	ポテトスナック工場	50億円	5%
⑮ 夕張	めろんゼリー屋 (2)	1000万円	100%
	長いもハンバーグ屋	3000万円	50%
	夕張メロン畑 (3)	3億円	7%
	芳醇な香りと、とろけるような食感が人気のオレンジ色の果肉を持つ		
	キネマ街道	16億円	1%
	スキー場	30億円	1%
⑯ 札幌	ちくわパン屋	1000万円	50%
	農学校クッキー屋	1000万円	80%
	札幌ラーメン屋	1000万円	100%
	札幌では炒めたモヤシやひき肉を乗せ、ニンニクをきかせた味噌ラーメンが定番		
	ジンギスカン屋	5億円	2%
	プロ野球チーム	80億円	3%
	家具小売業	133億円	3%
	生チョコ工場	150億円	2%
	羊ヶ丘ドーム	230億円	2%

富良野のラベンダー畑は7月が見ごろ！

※「物件名」の左のマークは、食品、農林・水産、商業、工業、観光を表します。「物件名」の後の「（2）」などの数字はゲーム内の物件数を表します。

駅名	物件名	価格	収益率
⑰ ススキノ	居酒屋	1000万円	50%
	しめパフェ屋	1000万円	80%
	札幌ラーメン屋（2）	1000万円	80%
	カニ料理屋	3億円	4%
	ジンギスカン屋（2）	5億円	2%
	羊肉をたっぷりの野菜といっしょに専用の鉄鍋で焼く北海道の郷土料理		
	ビジネスホテル	10億円	2%
⑱ 定山渓	日本旅館（2）	5億円	2%
	リゾートホテル（3）	10億円	2%
⑲ 苫小牧	ホッキ丼屋（2）	1000万円	50%
	苫小牧では、9cm以上のホッキ貝しか獲らないため、肉厚で食べ応えが抜群		
	ホッキカレー屋	1000万円	50%
	ホッキ貝料理屋	3000万円	50%
	製紙工場（2）	40億円	2%
	「王子製紙」の苫小牧工場は日本国内の25%の新聞用紙を供給している		
	アルミ精錬工場	50億円	1%
	石油化学工場	80億円	1%
⑳ 室蘭	カレーラーメン屋	1000万円	50%
	豚の焼き鳥屋（2）	1000万円	80%
	室蘭で「やきとり」といえば豚肉とタマネギ。鶏肉は使われない		
	製鉄所（2）	30億円	2%
	室蘭では1909年に製鉄が始められ、室蘭市は「鉄の町」と呼ばれる		
㉑ 登別	クマ牧場	1億円	1%
	登別温泉（2）	2億円	2%
	江戸時代から存在し、さまざまな泉質があることから「温泉のデパート」とも呼ばれる		
	水族館	6億円	1%
	戦国パーク	10億円	1%
㉒ 洞爺湖	おふくいも屋（2）	1000万円	80%
	火山博物館	8億円	1%
	洞爺湖遊覧船	30億円	1%
	サミットホテル	700億円	3%
	洞爺湖では、2008年に22カ国の首脳が参加する過去最大規模のサミットが行われた		

駅名	物件名	価格	収益率
㉓ 小樽	ばんじゅう屋	1000万円	50%
	昆布製品専門店	1000万円	70%
	お寿司屋	1億円	4%
	ざんぎ屋	1億円	5%
	オルゴール館	2億円	3%
	小樽には、1915年に建てられた建物内に、オルゴール専門店「オルゴール堂」がある		
	ガラス工房	3億円	2%
	スイーツ屋	3億円	5%
	チーズケーキ屋	5億円	8%
㉔ 余市	リンゴ園（4）	1億円	4%
	宇宙博物館	5億円	4%
	余市には宇宙で使用した実験装置が展示された「余市宇宙記念館スペース童夢」がある		
	マグロ漁（2）	8億円	7%
	ウィスキー工場	80億円	4%
㉕ ニセコ	じゃがバター屋	1000万円	50%
	スキー場（4）	80億円	5%
	水分が少なくサラサラとした、粉のようなパウダースノーがスキー客に大人気		
㉖ 襟裳	シャケ加工工場	1億円	2%
	日高昆布漁（2）	3億円	10%
	牧場	8億円	14%
	突風博物館	15億円	1%
	えりも町には、風速毎秒25mを体験できる「襟裳岬風の館」がある		
㉗ 芽室	枝豆畑（2）	3億円	5%
	トウモロコシ畑（3）	10億円	8%
	甘みが強くジューシーなトウモロコシを栽培。北海道は作付面積・収穫量ともに日本一		
	豚丼屋（2）	1000万円	80%
	甘辛いタレに漬けて炭火で焼き上げた豚肉はごはんに乗せた帯広のご当地グルメ		
㉘ 帯広	十勝あずき畑（3）	8000万円	10%
	北海道はあずきの生産量日本一、国内生産量の9割以上を占める		
	白樺クーヘン屋	1億円	10%
	バターサンド屋	3億円	10%
	乳牛牧場	10億円	2%

駅名	物件名	価格	収益率
㉙ 足寄	乳牛牧場（2）	3億円	5%
	化石博物館	5億円	1%
	足寄町には、海生哺乳類の進化が展示されている「足寄動物化石博物館」がある		
㉚ 陸別	オーロラハウス（2）	3000万円	5%
	天文台	10億円	1%
	陸別町には、日本最大級の大型望遠鏡で天体観測ができる「銀河の森天文台」がある		
㉛ 中札内	生キャラメル工場	1億円	5%
	チーズ工房（2）	2億円	4%
	ホエー豚農場（2）	3億円	7%
㉜ 池田	バナナまんじゅう屋	1000万円	25%
	インゲンマメ畑	5000万円	5%
	ブドウ園（2）	8000万円	5%
	十勝ワイン工場	40億円	1%
	日本初の自治体ワイナリーが独自のブドウ品種を開発し、作り上げた十勝ワイン		
㉝ 興部	牛乳ソフト屋（2）	1000万円	100%
	興部で育った乳牛から絞った新鮮な牛乳で作られたソフトクリーム		
	乳牛牧場（3）	6億円	2%
㉞ 網走	木彫り熊屋	1000万円	40%
	ニポポ人形屋	1000万円	50%
	「木の小さな子」を意味する角形の胴を持つ一刀彫りの北海道の民芸品		
	山わさび畑	1億円	2%
	ワカサギ漁	1億円	2%
	エゾバフンウニ漁（3）	10億円	2%
	流氷記念館	20億円	1%
㉟ 美幌	おかず味噌屋	1000万円	50%
	ジャガイモ畑（4）	5000万円	5%
㊱ 摩周	マリモようかん屋（3）	1000万円	100%
	乳牛牧場（2）	4億円	4%

十勝平野は日本有数の畑作地帯だよ

駅名	物件名	価格	収益率
37 阿寒	🍴 もっこり人形屋	1000万円	50%
	🍴 豚丼弁当	1000万円	80%
	🍴 マリモようかん屋 (3)	1000万円	100%
	🏛 木彫り人形屋 (2)	3000万円	25%
	🐟 ワカサギ漁	1億円	7%
	ワカサギ釣りは、1月中旬〜3月下旬に解禁され、氷上に穴を空けて楽しむ		
38 遠軽	🏛 ハッカ工芸品屋 (2)	1000万円	50%
	🌾 白滝ジャガイモ畑	5000万円	5%
	🌾 アスパラガス畑 (2)	8000万円	5%
	🍴 レトルトカレー工場	1億円	3%
	🏭 材木工場	2億円	5%
39 紋別	🐟 スケトウダラ漁	2億円	5%
	🐟 ホタテ漁 (2)	3億円	8%
	オホーツク海のホタテはプリッとした弾力のある貝柱になるのが特徴		
	🐟 毛ガニ漁	8億円	4%
	🏛 流氷ガリガリ号	10億円	2%
40 北見	🏛 ハッカ工芸品屋 (2)	1000万円	40%
	🍴 ハッカ甘納豆屋	1000万円	50%
	🍴 塩焼きそば屋	1000万円	50%
	🌾 ビート畑	5000万円	10%
	ビートは「てん菜」や「砂糖大根」とも呼ばれ、根の部分から砂糖が生産される		
	🌾 タマネギ畑 (2)	3億円	4%
	北見市のタマネギは球の締まりがよく、辛味成分も、一般のタマネギの3分の1ほど		
	🏛 カーリング場	5億円	10%
41 斜里	🍴 イクラ醤油漬け屋	1000万円	100%
	秋サケの水揚げ日本一を誇る北海道で獲れたイクラを醤油ダレに漬け込んだ逸品		
	🌾 小麦畑	5000万円	5%
	🐟 シャケ漁 (3)	1億円	5%
42 羅臼	🐟 ぶどうエビ漁 (2)	5億円	8%
	果物の葡萄と同じ色をしていることからその名が付いた希少価値の高いエビ		
	🐟 羅臼昆布漁 (3)	10億円	10%
	「羅臼オニコンブ」とも呼ばれ、濃厚でこくのある香り高いだしが取れる		
43 中標津	🌾 乳牛牧場 (5)	4億円	4%

駅名	物件名	価格	収益率
44 別海	🍴 ポークチャップ屋	1000万円	100%
	🐟 北海シマエビ漁	1億円	3%
	北海道でもきれいな海にしか生息せず、体にしま模様があることからシマエビといわれる		
	🌾 乳牛牧場 (3)	4億円	4%
	酪農王国である北海道の中でも別海町は牛の飼養頭数1位を誇る		
45 釧路	🍴 勝手丼屋	1000万円	50%
	釧路市にある和商市場内で好みの具材を購入し乗せる名物の丼物		
	🍴 牡蠣ラーメン屋	1000万円	100%
	🐟 タラバガニ漁船団	10億円	4%
	🐟 サケ・マス漁船団	20億円	4%
	🐟 魚市場	40億円	2%
	🏭 パルプ工場 (2)	100億円	2%
46 厚岸	🍴 カキめし弁当屋 (2)	1000万円	100%
	🐟 カキ漁 (3)	4億円	4%
	国内で唯一一年中出荷できるカキの産地。ふっくらとした身と濃厚な甘みが特徴		
47 根室	🍴 エスカロップ屋 (2)	1000万円	50%
	バターライスにポークカツを乗せてデミグラスソースをかけたご当地料理		
	🍴 オランダせんべい屋	1000万円	50%
	🐟 サンマ漁船団 (2)	4億円	2%
	🐟 花咲ガニ漁 (3)	10億円	7%
	ヤドカリの仲間である「花咲ガニ」は根室市を中心に7月〜9月頃に水揚げされる		
48 長万部	🍴 でんぷんせんべい屋	1000万円	50%
	🍴 パンに塗るプリン屋	1000万円	80%
	🌾 ジャガイモ畑 (2)	5000万円	5%
	🍴 カニめし屋	1億円	5%
	ほぐしたカニの身とタケノコをじっくり炒ったものをご飯の上に乗せた長万部の名物弁当		
	🐟 カニ市場 (3)	2億円	3%

駅名	物件名	価格	収益率
49 八雲	🍴 あわびラーメン屋 (2)	1000万円	50%
	🍴 バター飴屋 (2)	1000万円	80%
	バターを使用して製造される、北海道土産の定番飴菓子		
	🍴 ウォーター工場	1億円	2%
50 森	🍴 イカめし屋 (3)	1000万円	100%
	いかの胴体の部分にご飯がつめられているイカめし。函館本線森駅の名物弁当		
51 函館	🍴 鰊みがき弁当屋	1000万円	100%
	🍴 塩ラーメン屋	1000万円	100%
	🍴 イカ丼屋 (2)	1000万円	100%
	イカ釣り漁が盛んな函館ではイカの刺身、海鮮丼などイカ料理が楽しめる		
	🍴 ラッキーバーガー	5000万円	100%
	🍴 お寿司屋	1億円	4%
	🐟 海鮮市場	8億円	4%
	🏛 演歌の親父記念館	80億円	7%
52 江差	🍴 にしんそば屋 (2)	1000万円	50%
	🍴 ご勝手ようかん屋 (2)	1000万円	80%
	🏛 幕末軍艦丸記念館	20億円	2%
	江差町には、幕府海軍に所属したオランダ製軍艦が再現された「開陽丸記念館」がある		
53 松前	🍴 松前漬け屋 (2)	1000万円	80%
	乾燥スルメイカと細切りの昆布を醤油などで漬け込んだ松前漬けは、冬の保存食		
	🍴 海苔だんだん屋	1000万円	200%
	🐟 スルメイカ漁	1億円	4%
	🏛 横綱記念館	15億円	2%

阿寒湖には直径15cm以上の巨大なマリモが生息！

※「物件名」の左のマークは、🍴食品、🌾農林・水産、🏪商業、🏭工業、🏛観光を表します。「物件名」の後の「(2)」などの数字はゲーム内の物件数を表します。

東北地方

中央に連なる奥羽山脈が南北に伸び、日本海側と太平洋側で気候が異なります。特に冬は、日本海側で雪や曇りの日が多い一方、太平洋側では晴れの日が多くなります。

津軽海峡の地下には北海道と青森をつなぐ青函トンネルがあるよ

↑北海道
(P3)

P10
青森県

P16
秋田県

P12
岩手県

P18
山形県

P14
宮城県

P20
福島県

←中部地方
(P43)

↓関東地方
(P25)

赤べこやこけしなど特色ある伝統工芸品が各地で作られているよ

リンゴの生産量が日本一

青森県

❓ どんなところ？

本州の最北端に位置する青森県は、全国でも有数の農業や漁業、林業が盛んな県。特にリンゴの収穫量は全国1位と有名だ。毎年8月に開催のねぶたまつりは多くの人でにぎわう。

📘 基本データ

県庁所在地：青森市　人口：約125万人
面積：9646㎢　人口密度：129.2人／㎢

🌸 青函トンネル記念館（竜飛駅）　観光

青函トンネル記念館

青函トンネルは世界最長の海底鉄道トンネルで、53.85kmの距離をつなぐ。「青函トンネル記念館」では、24年という時間をかけて完成した大事業の道のりを紹介する。

青函トンネルで本州と北海道が鉄道でつながった

🌸 斜陽記念館（金木駅）　観光

太宰治記念館「斜陽館」

日本を代表する小説家太宰治。その父で、大地主だった津島源右衛門が建築した大豪邸。戦後になってから津島家が手放し、旅館「斜陽館」から現在の記念館となった。

庭園など合わせて約680坪の広さを持つ

🌸 立ちねぷた記念館（五所川原駅）　観光

立倭武多の館

立倭武多の館は、迫力ある大型の立倭武多を見られる施設。1階から4階まで吹き抜けの空間に造られた展示室では、高さ23mの立倭武多が展示され、見ごたえ充分だ。
製作所では巨大ねぶたの製作現場も見学可能

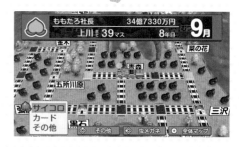

※　色の項目は「場所」について、　色の項目は「名産品」について解説しています。

青森県がよくわかる！ 場所と名産品

酸味が強く加工品として
も利用しやすい

リンゴ園（五所川原駅）

赤〜いりんご御所川原
花も果肉も赤い珍しいリンゴ

リンゴ生産量は日本一の青森。多様なリンゴがあるが、なかでも個性的な名前の「赤〜いりんご御所川原」。五所川原だけで育てられた珍しい品種で果肉が赤いのが特徴。

農林・水産

まぐろ丼屋（大間駅）
食品

全国に知れ渡るブランドネーム
大間まぐろ

大間まぐろは、本州最北端の大間で獲れるクロマグロのことで別名黒いダイヤとも呼ばれる非常に高価なマグロ。史上最高値は、1匹3億3360万円の値段がついたことでも有名。

大間で獲れるマグロは平均100kg前後

南部せんべい屋（三戸駅）
食品

青森・南部地方の郷土菓子
南部せんべい

青森の郷土菓子の南部せんべいは、小麦粉と塩と水を混ぜた生地で作られるシンプルなもの。一般的に食べられている醤油や味噌のせんべいとは違う素朴な味わいが特徴だ。

簡単な材料で食料が不足した時期も重宝した

航空博物館（三沢駅）
観光

大空を飛びまわった航空機を展示
青森県立三沢航空科学館

三沢空港に隣接する「青森県立三沢航空科学館」は、世界に1機だけの「ホンダジェット」をはじめとして、たくさんの飛行機を展示。日本の航空史や科学を楽しく学ぶことができる。

超音速戦闘機F-104Jなど搭乗体験ができる

白い美術館（青森駅）
観光

縄文と現代が融合する美術館
青森県立美術館

国内外から多くの人が訪れる青森県立美術館は、真っ白な外壁のおしゃれな建築が特徴。幅広い作品展示のほか、奈良美智をはじめ青森県出身アーティストなどの常設展示もある。

真っ白な巨大犬「あおもり犬」も展示

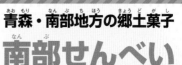

北海道地方

東北地方

関東地方

中部地方

近畿地方

中国・四国地方

九州地方

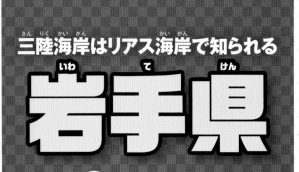

三陸海岸はリアス海岸で知られる
岩手県

？ どんなところ？

北海道に次ぐ2番目の面積と広大な岩手県。リアス海岸の三陸海岸の沖では、ワカメやアワビといった海産物が豊富に獲れる。世界遺産に認定された歴史的建物も残る。

基本データ

県庁所在地：盛岡市　　人口：約123万人
面積：1万5275km²　　人口密度：80.3人／km²

花巻温泉郷（花巻駅）　観光
花巻温泉郷

東北の温泉地として人気がある花巻温泉郷。台川の川沿いを中心に　温泉を引いてある旅館が並び、温泉の種類もいろいろ湧き出ているのが特徴だ。

昔ながらの温泉から近代的な温泉まで、さまざまな温泉がある

久慈市○

▲八幡平

▲岩手山

●盛岡市

北上高地

奥羽山脈

早池峰山▲

北上川

三陸海岸

太平洋

○花巻市

○遠野市

釜石市○

北上盆地

▲栗駒山　平泉町○

鉄の記念館（釜石駅）　観光
釜石市立鉄の歴史館

日本で初めて高炉で鉄鉱石から連続して鉄を生産することに成功した近代製鉄発祥の地である釜石ならではの鉄に関する資料館。その偉業を成し遂げた大島高任や世界遺産橋野鉄鉱山、釜石製鉄所の歴史を紹介している。

橋野鉄鉱山三番高炉を原寸大で再現した総合演出シアター

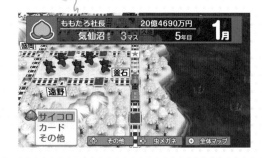

ももたろ社長　　20億4690万円　　1月
気仙沼　3マス　5年目

盛岡
釜石
遠野

サイコロ
カード
その他

その他　　虫メガネ　　全体マップ

※ ■色の項目は「場所」について、■色の項目は「名産品」について解説しています。

岩手県がよくわかる！場所と名産品

北海道地方

東北地方

関東地方

中部地方

近畿地方

中国・四国地方

九州地方

わんこそば屋（盛岡駅）

食品

岩手名物、おもてなしの食文化

わんこそば

そばの飲食を接待してくれるお給仕さんによって、手元のお椀にひと口分ほどのそばが投げ込まれるのが特徴のわんこそば。次々と盛られて、自分でふたを閉めるまで終わらない。

お給仕さんとのやりとりも楽しみの1つだ

琥珀採掘場（久慈駅）

工業

多彩な色の琥珀は宝飾品に重宝

琥珀

岩手・久慈は国内最大の琥珀産地。江戸時代には琥珀奉行が置かれ、最盛期には琥珀の細工師が20人以上もいたという。琥珀細工物は現在も時計などの宝飾品に重宝される。

久慈の琥珀は約8500万年前のものとされる

盛岡冷麺屋（盛岡駅）

食品

盛岡を代表するソウルフード

盛岡冷麺

朝鮮半島の郷土料理の冷麺。朝鮮半島出身の人が盛岡で冷麺を作ったのが始まりで、小麦粉とでんぷんで作られ、独自に進化した麺が特徴。その独特な食感にファンも多い。

ツルリとしてコシの強さに驚く盛岡冷麺

宮沢賢治グッズ屋（花巻駅）

観光

国内外を問わず親しまれる詩人

宮沢賢治

日本文学の中でも、特別な世界観を切り開いた詩人であり童話作家だった宮沢賢治。童話集『注文の多い料理店』をはじめ、残した作品は今でも多くのファンに親しまれている。

ほかにも教師、科学者など、多彩な顔を持つ

中尊寺グッズ屋（平泉駅）

観光

世界遺産であり平安美術の宝庫

中尊寺

奥州藤原氏ゆかりの寺で、この平泉に平和をもたらすよう祈願して建立した中尊寺。金色堂をはじめ3000を超える平安時代の美術工芸の宝庫と呼ばれ、世界文化遺産に登録されている。

中尊寺の金色堂は奥州藤原氏の富を反映した

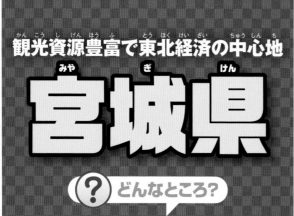

観光資源豊富で東北経済の中心地

宮城県

❓ どんなところ？

日本三景の1つでもある松島をはじめ、仙台七夕まつりなど観光資源豊かな宮城県。県庁所在地の仙台市はプロ野球球団の本拠地があり、東北の中心的な都市だ。

 基本データ

県庁所在地：仙台市	人口：約231万人
面積：7282㎢	人口密度：316.7人／㎢

 漫画ランド（石巻駅）　観光

石ノ森萬画館

宮城県出身で、「仮面ライダー」や「サイボーグ009」などの作者、石ノ森章太郎の記念館。貴重な原画をはじめアトラクションやオリジナルアニメなど石ノ森ワールドを満喫できる。

石ノ森章太郎は「漫画」のことを「萬画」と表現した

カーネーション園（名取駅）　農林・水産

カーネーション

東北一の生産量で有名な名取市のカーネーション。1940年頃から花の栽培が始まった。2011年に東日本大震災の津波による被害があったものの、翌年の春には次々に花を咲かせた。

温室栽培で一年中、さまざまな花が栽培される

※ ■色の項目は「場所」について、■色の項目は「名産品」について解説しています。

北海道地方
東北地方
関東地方
中部地方
近畿地方
中国・四国地方
九州地方

宮城県がよくわかる! 場所と名産品

宮城を代表する伝統的工芸品

鳴子こけし

鳴子こけし工房(鳴子駅)

商業

伝統的なこけしで有名な宮城。鳴子こけしは、首を回すとキュッキュッと音が鳴るのが特徴だ。小さい子どものようなやさしい表情で土産品としても有名。

独特の形や模様で、みちのくの少女を表現する

笹かまぼこ屋(女川駅)

食品

手軽でおいしい宮城のお土産代表

笹かまぼこ

宮城の名物笹かまぼこは、1つ分のすり身を手に取りよく練ってから、笹の葉型の枠に合わせて串を刺しこんがり焼いたかまぼこ。プリっとした食感と魚のうまみがつまっている。

旧仙台藩主・伊達家家紋の笹が名前の由来

ずんだ餅屋(仙台駅)

食品

鮮やかな黄緑色に目がひかれる

ずんだ餅

宮城の伝統的お菓子のずんだ餅。枝豆をゆでてすりつぶしたものをあんにして、餅と合わせ、鮮やかな黄緑の色あいが特徴。シンプルな材料だが、素材の味が引き立つ和菓子。

夏によく作られ、お盆などのお供え物の定番

ひとめぼれ水田(登米駅)

農林・水産

全国で育つ宮城産のブランドお米

ひとめぼれ

宮城で誕生したお米のひとめぼれ。味と香りが良く、粘りの強い食感が特徴で、出会った瞬間、見た目の美しさとそのおいしさにひとめぼれしてしまうことでその名前がついた。

ふっくらした食感が特徴の「ひとめぼれ」

牛たん屋(仙台駅)

食品

仙台ご当地料理といえば牛たん

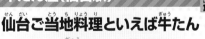
牛たん

仙台のご当地グルメとして定着している牛たん料理。牛たんとは牛の舌のことで、厚切りにスライスした牛たんを塩やタレなどで味付けして焼く。低脂肪で高タンパクの味が評判。

麦飯やテールスープが付く牛たん定食が定番

男鹿のなまはげは無形文化遺産

秋田県

❓ どんなところ?

「あきたこまち」のブランド米など、米作りが盛んな秋田県。秋田スギや日本酒などの特産物がある。大晦日の夜の伝統行事「なまはげ」でも知られる。

白神山地
十和田湖
米代川
八幡平 ▲
男鹿半島
出羽山地
秋田駒ヶ岳 ▲
秋田平野
田沢湖
秋田市
角館
奥羽山脈
日本海
雄物川
横手盆地
横手市
▲ 鳥海山

 基本データ

県庁所在地:秋田市	人口:約97万人
面積:1万1638㎢	人口密度:83人／㎢

武家屋敷群(角館駅)　観光

角館武家屋敷

「みちのくの小京都」とも呼ばれる秋田・角館。江戸時代から続く町並みの様子を残し、通りには石黒家をはじめ、かつて武士が暮らしていた武家屋敷を見ることができる。

時代劇の撮影地としても使用された武家屋敷

ももたろ社長　36億6190万円　8年目　11月
上川まで47マス
秋田
角館
横手
サイコロ
カード
その他
その他　虫メガネ　全体マップ

かまくらの町並み(横手駅)　観光

横手かまくら

秋田の冬を代表する伝統行事の横手のかまくら。400年以上前から続き、雪の中に並ぶかまくらの中は暖かそうなオレンジ色の明かりを灯し、まるで昔話に出てくるような光景だ。

横手のかまくらは、毎年2月15、16日の夜に行われる伝統行事

※■色の項目は「場所」について、■色の項目は「名産品」について解説しています。

秋田県がよくわかる！ 場所と名産品

北海道地方

東北地方

関東地方

中部地方

近畿地方

中国・四国地方

九州地方

いなにわうどん屋（秋田駅）

食品

独特の製法で滑らか食感のうどん

稲庭うどん

秋田を代表する名産品の稲庭うどん。そのうめんのような手延べ製法による干しうどんで、細く引き延ばされることでとてもなめらかな食感が味わえる。贈り物としても人気が高い。

職人の手により4つの手順で作られる

アキタコマチ水田（秋田駅）

農林・水産

全国で人気の秋田のお米

あきたこまち

コシヒカリをルーツに持ち、寒さが厳しい秋田の気候に適した米の品種として開発されたあきたこまち。甘みが強いのが特徴で、全国トップクラスの人気米だ。

秋田県で生産される米の8割が「あきたこまち」

しだれ桜グッズ屋（角館駅）

観光

武家屋敷と桜の組み合わせが風流

しだれ桜

今も武家屋敷が立ち並ぶ角館の通りには、シダレザクラが植えられており、国の天然記念物に指定されている。春には武家屋敷の両側から垂れ下がる木々の調和が美しい。

植えられて300年以上過ぎても今なお美しい

横手焼きそば屋（横手駅）

食品

全国的に人気の高いB級グルメ

横手焼きそば

秋田・横手のB級グルメ横手やきそば。太くてまっすぐのゆで麺にトッピングされた目玉焼きが特徴。店によって味付けは様々で、オリジナルのウスターソースを使用している。

1953年ごろには現在のような焼きそばの形に

きりたんぽ鍋屋（秋田駅）

日本を代表する鍋の1つ

きりたんぽ鍋

食品

秋田の名物料理のきりたんぽ鍋。きりたんぽとは、炊き上げたお米をつぶし木の棒に巻き付けてちくわ状に焼き上げたもの。きりたんぽと具材を入れ、鶏がらのスープで煮込んだ鍋料理。

具材は地鶏、ねぎ、ごぼう、せりなど豊富

サクランボや牛肉など食の宝庫
山形県

基本データ

県庁所在地：山形市　　人口：約108万人
面積：9323k㎡　　人口密度：115.6人／k㎡

❓ どんなところ?

全国収穫量第1位のサクランボをはじめ、米沢牛などの農畜産物が有名な山形県。蔵王山の山形蔵王は大きなスキー場が多く、特に冬のシーズンは観光スポットとして人気だ。

観光 舟入り米倉庫群（酒田駅）
山居倉庫

かつて北前船という海運船による流通で栄えた港町の酒田。その繁栄を支えたのが米の保存用倉庫として使われた山居倉庫だ。美しい外観を兼ね備え、観光地としても人気が高い。

ケヤキ並木は一番人気のフォトスポットだ

観光 加茂クラゲ水族館（鶴岡駅）
鶴岡市立加茂水族館（クラゲドリーム館）

山形・鶴岡にあるクラゲの展示種類が世界一の水族館。60種類以上のクラゲがそろっており、直径5mの水槽では約1万ものミズクラゲ（写真）が泳ぐ圧巻の光景が見られる。

クラゲのほか、アシカやアザラシも見られる

日本海

鳥海山
酒田市
庄内平野
鶴岡市
新庄盆地
羽黒山
奥羽山脈
湯殿山　月山
山形盆地
天童市
最上
山形市
蔵王山
米沢盆地
米沢市
飯豊山

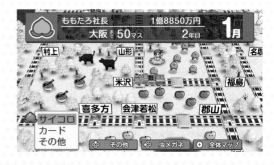

ももたろ社長　1億8850万円　1月
大阪　き50マス　2年目

村上　山形　名
米沢　福島
喜多方　会津若松　郡山
サイコロ
カード
その他
その他　虫メガネ　全体マップ

※ ■色の項目は「場所」について、■色の項目は「名産品」について解説しています。

北海道地方

東北地方

関東地方

中部地方

近畿地方

中国・四国地方

九州地方

イモ煮屋(山形駅)
食品

山形の秋に欠かせない郷土料理

イモ煮

山形のソウルフードのイモ煮。里芋を使った郷土料理の1つで、収穫期の秋から冬によく食べられている。基本の具材は里芋、牛肉、こんにゃく、ねぎなどで作られる。

鍋や材料を持ち込み野外で作るイモ煮会が有名

将棋の駒工場(天童駅)
商業

将棋駒生産の約9割以上を占める

天童将棋駒

全国で使われている将棋駒の約9割以上を占めるといわれる天童将棋駒。将棋駒産業は江戸時代末期、武士に将棋駒の製作を勧めたことをきっかけに始められたといわれている。

天童将棋駒はプロ棋士の対局でも使われる

サクランボ農園(山形駅)
農林・水産

サクランボ生産量全国一の山形

サクランボ

山形県のサクランボは生産量が日本一。山形県は、梅雨の時も比較的雨が少なく、風も強くないなど、サクランボが育つのに非常に適した気候となっている。

佐藤錦や紅秀峰などの品種が栽培されている

弁慶めし屋(酒田駅)
食品

古くから愛されている庶民の味

弁慶めし

山形のご当地グルメの弁慶めしは、おにぎりの表面に味噌を塗って、山形名産の青菜漬の葉で包み込んで焼くのが特徴。小腹がすいた時の家庭のおやつとして人気が高い。

古くから伝わる弁慶めしの名前の由来は多数

米沢牛屋(米沢駅)
食品

山形を代表する屈指のブランド牛

米沢牛

山形を代表する米沢牛は、いくつかの厳しい基準をクリアしたものだけが呼ばれるブランド。寒暖の差が激しい盆地気候で育つことで、脂身が適度に入るキメ細かい肉質が特徴だ。

溶け出す温度が低い肉の脂はとろける味わい

グルメに宿場町に温泉と魅力多数

福島県

？ どんなところ？

モモやナシなどのフルーツや喜多方ラーメンなどの名産品で有名な福島県。大内宿やスパリゾートハワイアンズなど各地には魅力的な観光地がいっぱい。

基本データ

県庁所在地：福島市　　人口：約185万人
面積：1万3784km²　　人口密度：133.9人／km²

奥羽山脈
福島盆地
●福島市
吾妻山
喜多方市
阿賀川
会津盆地
磐梯山
会津若松市
阿武隈川
越後山脈
只見川
郡山市
猪苗代湖
阿武隈高地
太平洋
燧ヶ岳
いわき市

🌺 桃園（福島駅） 農林・水産

モモ

全国生産の約2割を占める福島のモモ。6月下旬から9月中旬までと旬の時季も長く楽しめ、ブランドとしては福島を代表する「あかつき」や、「はつひめ」「ゆうぞら」など多数そろう。

夏の暑さがモモの甘みを凝縮させてくれる

🌺 ハワイアンセンター（いわき駅） 観光

スパリゾート ハワイアンズ

スパリゾートハワイアンズは、南国ムード満点の常夏の楽園。大プールや迫力満点のスライダー、さまざまな温泉や露天風呂など一日では遊びきれない温泉大陸。映画『フラガール』の舞台になったことでも知られている。

映画でも有名なフラガールのショーは必見

※■色の項目は「場所」について、■色の項目は「名産品」について解説しています。

北海道地方

東北地方

関東地方

中部地方

近畿地方

中国・四国地方

九州地方

白虎隊グッズ屋（会津若松駅）観光

少年決死隊として参加した悲劇

白虎隊記念館

白虎隊は、江戸時代末期の明治維新における戊辰戦争の際、会津藩が作った部隊の1つ。16歳から17歳の武家の男子で構成され、明治政府軍との戦いに敗れて19人が自刃した。

この悲劇は今の世に戦争の空しさを伝える

喜多方ラーメン屋（喜多方駅）食品

昭和初期の屋台ラーメンが始まり

喜多方ラーメン

福島のご当地グルメ、喜多方ラーメンは一般的な麺より水分を多く含んだ太めの平打ち縮れ麺を使っている。モチモチの食感とのどを通る時のツルンとした感触が特徴的。

醤油味だけでなく、塩味や味噌味もある

ソースかつ丼屋（会津若松駅）食品

洋食テイストなご当地グルメ

ソースかつ丼

揚げたてのトンカツを甘めのソースに絡めたのが特徴の会津若松のソースかつ丼。ご飯の上に千切りキャベツ、とんかつを乗せてソースをかけるのが定番だ。

ソースはトマトケチャップや酒などを加えたもの

あんぽ柿園（福島駅）農林・水産

トロミ感たっぷりな福島の特産品

あんぽ柿

福島の名産品あんぽ柿は、干し柿の一種で硫黄の煙でいぶして乾燥させるのが特徴。水分量が多くゼリーのような食感と自然な甘さがギュッとつまった冬の味覚で人気が高い。

福島の蜂屋柿や平核無柿などの渋柿を使用

赤べこ屋（会津若松駅）観光

丸みのフォルムで愛らしい玩具

赤べこ

赤べこは会津若松の郷土おもちゃ。張り子型の人形でひとつひとつ手作業で作られる。赤塗りの牛の型に首がゆらゆらと揺れるのが可愛らしく、お土産としても人気が高い。

もともとは子どもの厄除けのお守りや縁起物だった

"桃鉄"に出てくる東北地方の駅名と物件名一覧

青森県

駅名	物件名	価格	収益率
① 青森	🍴 りんごパイ屋	1000万円	80%
	🍴 焼き干しラーメン屋	1000万円	80%
	イワシの焼き干しや煮干しを使ってだしを取ったスープが特徴の津軽ご当地ラーメン		
	🍴 強烈ギョーザ店	1000万円	100%
	🍴 みそカレー牛乳麺屋	1000万円	100%
	🍴 ゆで麺焼きそば屋（2）	1000万円	100%
	蒸した麺ではなくゆでた麺を使って作る青森焼きそばは麺の中心まで味が染み込む		
	🏪 青森県観光物産館	45億円	3%
	🏛 白い美術館	120億円	1%
② 黒石	🍴 黒石焼きそば屋（2）	1000万円	80%
	黒石のご当地グルメで、モチッとした平たい太麺で作られるため腹持ちも十分だ		
	🍴 つゆ焼きそば屋（2）	1000万円	100%
	🌾 青天のへきれき水田	2億円	7%
	ブランド米の「青天の霹靂」は米の食味ランキングで青森県として初の特Aを獲得		
③ 弘前	🍴 アップルパイ屋	1000万円	50%
	🍴 ピンクいなり寿司屋	1000万円	70%
	🍴 津軽そば屋	1000万円	100%
	つなぎに大豆をすりつぶしたものを使っているため非常に柔らかいのが特徴		
	🍴 嶽きみプリン屋	8000万円	100%
	🌾 嶽きみ畑（2）	1億円	7%
	🌾 青天のへきれき水田	2億円	7%
	🍴 海鮮太巻き寿司屋	2億円	10%
	🍴 若生おにぎり屋（2）	1000万円	80%
	🏪 津軽三味線スナック	3000万円	50%
④ 金木	五所川原市の金木は津軽三味線の発祥の地とされ、津軽三味線会館がある		
	🏛 地吹雪ツアー会社	1億円	2%
	🏛 斜陽記念館	14億円	2%

駅名	物件名	価格	収益率
⑤ 五所川原	🍴 やってまれ丼屋	1000万円	50%
	🍴 中華ざる屋	1000万円	80%
	🍴 しじみラーメン屋	1000万円	100%
	青森の十三湖で採れる大和シジミを使ったご当地ラーメン。シジミのうまみが味わえる		
	🍴 揚げ鯛焼き屋	1000万円	500%
	🌾 リンゴ園（2）	8000万円	10%
	🏪 津軽金山焼き工房	1億円	3%
	🏛 立ちねぷた記念館	32億円	5%
⑥ 竜飛	🍴 若生おにぎり屋（2）	1000万円	80%
	🍴 イカ料理屋	1億円	4%
	ヤリイカは全国の半数以上が青森で獲れ、心地よい歯ごたえと、強い甘さが特徴だ		
	🏛 青函トンネル記念館	10億円	1%
	🏛 津軽海峡ホテル	15億円	1%
	竜飛崎は津軽半島北端の岬で、天気がいい日には津軽海峡の向こうに北海道が望める		
⑦ 菜の花	🍴 菜の花ドーナツ屋	1000万円	50%
	🌾 菜の花畑（4）	8000万円	5%
	青森・横浜町には広大な面積の菜の花畑があり、5月の中旬には黄色い花が広がる		
	🍴 海軍コロッケ屋	1000万円	50%
	大湊海軍コロッケは旧日本海軍の食事に出されていたコロッケのレシピをもとに作られた		
⑧ むつ	🍴 フライボール屋	1000万円	50%
	フライボールはこしあんを包んで揚げた、地元民に愛されてきた昔ながらのあんドーナツ		
	🍴 イカずし屋（2）	1000万円	80%
	寿司といってもイカの中にご飯ではなくキャベツやニンジンの漬物がつまっている		
	🍴 飲むヨーグルト工場	3億円	7%
⑨ 大間	🍴 マグロTシャツ屋	1000万円	50%
	🍴 まぐろ丼屋（3）	1000万円	100%
	🏪 青森ヒバ木工所	1億円	4%
	青森ヒバは樹高30mに達するヒノキ科の常緑高木で、独特の香りを持つ		
	🏪 マグロ漁船団（3）	8億円	10%
	豪快な一本釣りで有名な大間のクロマグロは、大きなものでは200～300kgにもなる		

駅名	物件名	価格	収益率
	🍴 バラ焼き屋（4）	1000万円	100%
	牛のバラ肉と大量のタマネギを鉄板の上で焼き、甘辛いタレをからめたご当地グルメ		
	🏛 劇団詩人記念館	10億円	1%
⑩ 三沢	青森出身の劇作家であり、歌人でもあった寺山修司の多彩な活動を紹介する施設		
	🏛 古牧温泉旅館	20億円	2%
	🏛 航空博物館	30億円	2%
	🏛 アメリカ村の町並み	50億円	1%
	米軍基地がある三沢は、街のあちこちにアメリカンな店があり国際色ある町並み		
⑪ 八戸	🍴 南部せんべい屋（2）	1000万円	50%
	🏪 バナナサイダー工場	3億円	3%
	🏪 みろく横丁	8億円	3%
	東北新幹線八戸駅開業にともなって、八戸の活性化のために誕生した新しい横丁		
	🏛 駅前観光物産館	10億円	2%
⑫ 三戸	🍴 南部せんべい屋	1000万円	80%
	🌾 サクランボ農園（3）	8000万円	10%
	🍴 飲むヨーグルト工場	10億円	25%
⑬ 田子	🌾 にんにく畑（5）	8000万円	10%
	青森県はニンニクの生産量日本一で、国内生産量の約7割を占めている		

岩手県

駅名	物件名	価格	収益率
⑭ 久慈	🍴 ナポリタン屋	1000万円	50%
	🍴 まめぶ汁屋（2）	1000万円	80%
	クルミや黒砂糖と小麦粉で作った甘い団子のまめぶと具材がたくさん入った醤油汁		
	🍴 ウニ丼屋	5000万円	100%
	🏭 琥珀採掘場	5000万円	5%

※「物件名」の左のマークは、🍴食品、🌾農林・水産、🏪商業、🏭工業、🏛観光を表します。「物件名」の後の「（2）」などの数字はゲーム内の物件数を表します。

岩手県

駅名	物件名	価格	収益率
⑮ 盛岡	南部せんべい屋	1000万円	25%
	じゃじゃ麺屋	1000万円	70%
	うどん状の平麺の上に肉味噌やネギなど薬味を乗せ、酢やラー油をかけて食べる麺料理		
	コッペパン屋	1000万円	80%
	わんこそば屋（3）	1000万円	80%
	盛岡冷麺屋	1億円	2%
⑯ 釜石	渦巻かりんとう屋	1000万円	50%
	釜石ラーメン屋	1000万円	50%
	海鮮漬け屋	3億円	12%
	鉄の記念館	20億円	1%
	製鉄工場	4000億円	1%
⑰ 遠野	河童伝説グッズ屋	1000万円	50%
	遠野では澄んだ水が流れるカッパ淵にカッパがすみ、いたずらをしたといわれる		
	遠野物語グッズ屋	1000万円	50%
	『遠野物語』は岩手・遠野に伝わる昔話や古くからのしきたりなどを記した民話集		
	ひっつみ料理屋	1000万円	50%
	練った小麦粉を手でつまんで鍋に入れる遠野の家庭料理で、醤油味の汁ものが多い		
	ジンギスカン鍋屋（2）	1億円	3%
⑱ 花巻	わんこそば屋（2）	1000万円	70%
	宮沢賢治グッズ屋	1億円	20%
	ほろほろ鳥農場	3億円	1%
	ほろほろ鳥は、食鳥の女王と呼ばれる高級食材でおもにフランス料理などに使われる		
	花巻温泉郷	20億円	1%
⑲ 平泉	藤原三代グッズ屋	3000万円	50%
	奥州藤原氏は源頼朝に滅ぼされるまでの約100年間、東北地方一帯に栄え権力を極めた		
	中尊寺グッズ屋	1億円	2%
	秀衡塗り工房	4億円	2%
	藤原秀衡が、京より招いた職人に地元の漆や金を使った器を作らせたといわれる		
	前沢牛料理屋（2）	8億円	4%
⑳ 大船渡	さんまラーメン屋	1000万円	50%
	ウニ丼屋（2）	1000万円	80%
	アワビ漁（2）	1億円	4%
	大船渡の養殖アワビは11月からがシーズン。肉厚で柔らかな身と海の香りが特徴		

宮城県

駅名	物件名	価格	収益率
㉑ 気仙沼	ハモニカ飯弁当	1000万円	50%
	ハモニカはメカジキの背びれ付け根部分の身。甘辛く煮付けてご飯の上に乗せた弁当		
	ふかひれラーメン屋（2）	1000万円	80%
	ふかひれ姿煮屋（2）	2億円	2%
	サメの水揚げ量が日本一の宮城県。気仙沼ではふかひれの姿煮が多数のお店で味わえる		
㉒ 石巻	中華麺焼きそば屋（2）	1000万円	50%
	笹かまぼこ屋	1000万円	50%
	イワシ漁船団	6億円	3%
	漫画ランド	19億円	1%
㉓ 女川	女川海鮮丼	1000万円	100%
	笹かまぼこ屋（2）	1000万円	100%
	サンマ漁船団（2）	10億円	2%
㉔ 鳴子	栗だんご屋	1000万円	25%
	尿前の関グッズ屋	1000万円	50%
	尿前は宮城から山形に通じる羽前街道の関所で、通る時に厳しい取り調べがあった		
	鳴子こけし工房（2）	1億円	5%
	鳴子温泉郷	100億円	1%
	源泉数が400近くある鳴子温泉郷。日本にある11の泉質のうち9種類が集まる		
㉕ 登米	ひとめぼれ水田（2）	5000万円	10%
	カレー工場	20億円	3%
	明治ロマンの町並み	60億円	1%
	「みやぎの明治村」と呼ばれる登米は洋風建築物や商家など当時を思わせる建物が残る		
	電子マネー工場	7000億円	2%
	島巡り遊覧船	1000万円	50%
	日本三景の1つの松島。松島湾には260もの島が浮かんで絶景		
㉖ 松島	牡蠣バーガー（2）	1000万円	80%
	牡蠣丼（2）	1000万円	100%
	松島はカキで有名で、宮城県のカキ養殖収穫量は広島県に次いで全国2位		

駅名	物件名	価格	収益率
㉗ 仙台	ずんだ餅屋	1000万円	100%
	仙台駄菓子屋	5000万円	50%
	牛たん屋	1億円	5%
	仙台牛屋	4億円	7%
	石油工場	60億円	1%
	プロ野球チーム	70億円	2%
	LED会社	420億円	2%
㉘ 名取	ゆりあげ赤貝屋（2）	1000万円	80%
	身が厚くプリプリな食感で、全国の料亭や高級寿司店が欲しがる高級食材の閖上赤貝		
	カーネーション園（3）	5000万円	5%
	ミガキイチゴ農園（3）	1億円	8%

秋田県

駅名	物件名	価格	収益率
㉙ 秋田	ばばへらアイス屋	100万円	100%
	「ババ（秋田弁でおばあさん）」が金属へらでアイスを盛り付け売ったので「ババへら」に		
	いぶりがっこ屋	1000万円	25%
	大根を囲炉裏の上に吊るして煙やすすで黒くし、米ぬかで漬け込んだ伝統的な漬物		
	いなにわうどん屋（2）	1000万円	70%
	しょっつる鍋屋	3000万円	50%
	塩漬けにしたハタハタを発酵させてできた調味料のしょっつるを使った鍋		
	きりたんぽ鍋屋	5000万円	50%
	アキタコマチ水田（2）	5000万円	5%
	しだれ桜グッズ屋	1000万円	50%
	生もろこし屋	1000万円	50%
㉚ 角館	樺細工工房（2）	1億円	1%
	桜の木の表皮を利用した伝統的な木工工芸品で、茶筒や煙草入れなどに利用される		
	武家屋敷群	20億円	1%

鳴子温泉は奥州三名湯の1つ

福島県

駅名	物件名	価格	収益率
37 喜多方	食 喜多方ラーメン屋 (5)	1000万円	70%
38 福島	農 キュウリ畑	5000万円	5%
	福島は夏秋キュウリの生産量が日本一。適度な雨や夏から秋の気温が最適な環境だ		
	農 あんぽ柿園 (2)	5000万円	5%
	農 桃園 (3)	5000万円	8%
	工 ガラス繊維工場	200億円	1%
39 郡山	食 牛乳クランチ屋 (2)	1000万円	50%
	食 薄皮まんじゅう屋 (2)	1000万円	80%
	食 ミルク館和菓子屋	1000万円	80%
	食 クリームボックス屋 (2)	1000万円	100%
	郡山のご当地グルメで厚切り食パンに白いミルク風味のクリームを塗った菓子パン		
	工 リチウム電池工場	40億円	1%
40 会津若松	観 白虎隊グッズ屋	1000万円	50%
	食 ソースかつ丼屋 (3)	1000万円	80%
	観 赤べこ屋 (2)	1億円	1%
	商 会津漆器工房 (2)	5億円	1%
	400年以上続く伝統産業の会津漆器。華やかで細かい模様や丈夫な塗り面で人気だ		
41 いわき	食 メヒカリ料理屋 (2)	1000万円	50%
	あっさりな白身とふんわりした食感で福島では昔から親しまれている魚のメヒカリ		
	工 化学工場	40億円	1%
	観 ハワイアンセンター	80億円	1%
	工 流し台工場	100億円	2%

郡山の
クリームボックスは
味も見た目も豊富

駅名	物件名	価格	収益率
31 横手	食 豆腐カステラ屋	1000万円	50%
	食 横手焼きそば屋 (3)	1000万円	80%
	観 かまくらの町並み	20億円	2%

山形県

駅名	物件名	価格	収益率
32 酒田	食 弁慶めし屋	1000万円	80%
	食 ワンタンメン屋	1000万円	80%
	農 苅屋梨園	5000万円	5%
	農 庄内柿園 (2)	5000万円	8%
	観 写真家記念館	20億円	1%
	観 舟入り米倉庫群	100億円	4%
33 鶴岡	食 からからせんべい屋	1000万円	25%
	振ると中に和紙で包まれた玩具がカラカラと音をたてる伝統菓子のからからせんべい		
	食 しそ巻き屋	1000万円	80%
	農 だだちゃ豆畑 (2)	8000万円	10%
	鶴岡の限られた地域で作られるだだちゃ豆は、ゆでて食べるとやめられないおいしさ		
	農 つや姫水田 (3)	1億円	10%
	観 加茂クラゲ水族館	30億円	3%
34 天童	農 サクランボ農園	1億円	7%
	農 ラ・フランス園 (2)	1億円	7%
	果物の女王といわれる西洋梨の最高峰のラ・フランス。山形県は生産量が日本一だ		
	商 将棋の駒工場 (2)	2億円	1%
35 山形	食 冷やしラーメン屋	1000万円	80%
	農 サクランボ農園 (2)	5000万円	5%
	農 ラ・フランス園	8000万円	5%
	食 イモ煮屋 (2)	1億円	4%
	食 でんすけ豆工場	4億円	2%
36 米沢	食 そんぴんラーメン屋	1000万円	50%
	そんぴんは「へそまがり」という意味。海のない米沢で海鮮を豊富に使ったラーメン		
	観 上杉鷹山グッズ屋	3000万円	50%
	農 紅花畑 (2)	8000万円	5%
	山形の県花として親しまれている紅花は梅雨の時期にかけて真黄色の花を咲かせる		
	食 米沢牛屋	4億円	4%

会津若松には国内
唯一の赤瓦の天守
「鶴ヶ城」があるよ

山形県はサクランボ
やラ・フランスなど
果物の生産が盛ん！

関東地方

関東地方では日本の人口約3分の1が生活しており、日本最大の平野、「関東平野」が広がっています。夏は蒸し暑く、冬は乾燥した晴天が続くのが特徴です。

流域面積が日本最大の利根川が流れているよ

P28
栃木県

↑東北地方（P9）

P26
茨城県

P30
群馬県

P32
埼玉県

←中部地方（P43）

P36
東京都

P38
神奈川県

東京湾沿岸には工業地帯が広がるよ

P34
千葉県

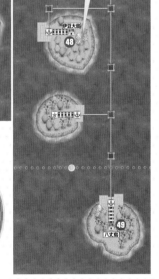

※地図上の番号は40〜42ページの駅名の番号と対応しています。

納豆や水戸黄門で知られる県

茨城県

？ どんなところ？

豊かな自然に恵まれた茨城県は、農業が盛んな県。筑波にある筑波宇宙センターをはじめ、国土地理院や産業技術総合研究所などさまざまな研究所がある。

📗 基本データ

県庁所在地：水戸市　　人口：約286万人
面積：6097km²　　人口密度：469.1人／km²

思索の六角堂（北茨城駅） 観光

六角堂

六角形の建築物。明治時代に岡倉天心が、物事を考える場所として自ら設計したもので、現在は茨城大学五浦美術文化研究所が管理している。「五浦六角堂」や「関東の松島」などとも呼ばれている。

国の登録記念物に登録されている

北茨城市○

ひたちなか市○

水戸市◎

笠間市○

太平洋

筑波山▲

関東平野

鹿島灘

北浦

土浦市○

霞ヶ浦

利根川

紅梅公園（水戸駅） 観光

偕楽園

日本三大名園の1つで、民と「偕に楽しむ」ということで命名された。江戸時代末期の1842年7月に庶民の休養の場所として開園された。本園分だけで約100種3000本の梅が植えられ、1月中旬〜3月下旬が見ごろ。

毎年2月中旬には「水戸の梅まつり」が開催される

※ ■色の項目は「場所」について、■色の項目は「名産品」について解説しています。

茨城県がよくわかる！ 場所と名産品

北海道地方
東北地方
関東地方
中部地方
近畿地方
中国・四国地方
九州地方

納豆工場（水戸駅）

水戸の名産品

納豆

水戸は納豆の名産地として有名。小粒大豆を使用しているのが特徴。水戸納豆は納豆のブランド名だが、一般名詞的なものと認識され、さまざまなメーカーが名称を使用している。明治時代に鉄道が開業すると、水戸駅でわらに包んだ納豆が売り出され、評判となった。

1083年に納豆が生まれたといわれている

食品

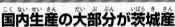

干しいも屋（ひたちなか駅）

食品

国内生産の大部分が茨城産

干しいも

サツマイモを蒸して乾燥させた食品で、国内流通のほとんどが茨城県で生産されている。もちもちした噛み応えと甘みが特徴。火であぶると柔らかくなり、甘みが増す。

自然な甘さがおいしさのポイント

あんこう鍋屋（北茨城駅）

食品

茨城を代表する名物

あんこう鍋

あんこうは茨城を代表する冬の味覚。あんこう鍋は各地の鍋グランプリで受賞し全国に認められている一品で、コラーゲン豊富で脂が少ないため、ヘルシーなのも人気の秘訣。

あんこうは「食べられない所がない」といわれる

五浦温泉（北茨城駅）

多くの画家に愛された地

五浦温泉

日本近代美術のメッカとして、多くの人たちに親しまれてきた五浦。五浦温泉は日本画家の横山大観が好んで描いた、松と日の出と月のモデルである五浦海岸が望める。「五浦」には、「いづら」と「いつうら」の読み方がある。

観光

宿泊施設は五浦観光ホテルのみ

世界遺産の日光東照宮が有名

栃木県

📖 基本データ

県庁所在地：宇都宮市	人口：約193万人
面積：6408km²	人口密度：301.8人／km²

❓ どんなところ？

関東地方最大の面積を誇る栃木県は、日光や那須高原などの観光スポットが多数あり、別荘地としても人気。「とちおとめ」や「スカイベリー」などのイチゴの栽培でも有名。

🔷 観光牧場（那須駅）
観光

南ヶ丘牧場

那須高原に本拠を置く観光牧場。牧場内では、馬やロバに乗ることもできる。日本では少ないガーンジィ牛を育成し、全国ご当地牛乳グランプリでは最高金賞を受賞。

ガーンジィ牛の牛乳はこくがありクリーミー

🔷 小江戸の町並み（栃木駅）
観光

蔵の街

栃木市は「蔵の街」として知られ、100m以上も蔵と黒塀が並ぶ風景から小江戸とも呼ばれている。歴史的な建造物が数多くあり、歴史と文化が調和している。遊覧船も人気。

舟運の発達でかつては「北関東の商都」と呼ばれた

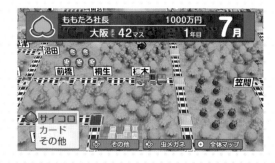

※ ■色の項目は「場所」について、■色の項目は「名産品」について解説しています。

栃木県がよくわかる！ 場所と名産品

ギョーザ屋（宇都宮駅）

餃子を扱う飲食店は約300軒

宇都宮ギョーザ

食品

1993年に宇都宮餃子会を発足させ、ご当地グルメを使った町おこしの先駆けとなった。野菜たっぷりで、タレは酢のみで食すのが宇都宮スタイルといわれることもある。

宇都宮には餃子通りと呼ばれる通りがある

スカイベリー園（栃木駅）

とちおとめより大きい品種

スカイベリー

農林・水産

イチゴの収穫量日本一の栃木県。スカイベリーは栃木を代表するイチゴである「とちおとめ」よりも果実が大きく、高級品種。味はジューシーで酸味が少なく上品な味わい。

福岡県のあまおうに対抗するために開発した

釜めし屋（那須駅）

食品

昔ながらの炊き込みご飯

釜めし

米に醤油、みりんなどの調味料を加え、シイタケや鶏肉などの具を乗せ、1人用の釜で炊いた炊き込みご飯。茶碗によそわず、釜のままで食べるのが特徴。

お持ち帰りできる釜めしもある

じゃが芋焼そば屋（栃木駅）

食品

栃木市のご当地グルメ

じゃが芋入り焼そば

栃木名物・じゃが芋入り焼そばは、ゆでて一口大に切ったジャガイモやイモフライを焼きそばと一緒に炒めたB級グルメ。隠し味にひき肉から取った肉だしスープを使う店もある。

昔は屋台や駄菓子屋で販売されていた

北海道地方

東北地方

関東地方

中部地方

近畿地方

中国・四国地方

九州地方

鶴舞う形の群馬県は温泉王国

群馬県

基本データ

県庁所在地：前橋市 ｜ 人口：約194万人
面積：6362km² ｜ 人口密度：305.3人／km²

? どんなところ？

草津・伊香保・四万・水上の4大温泉で有名な群馬県。農業も盛んで、キャベツは日本一の生産量を誇る。冬になるとスキー場に多くの観光客が訪れる。

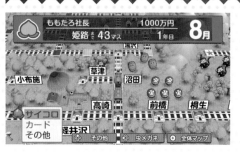

越後山脈
谷川岳
白根山▲
沼田市
草津町
本白根山▲
赤城山▲
榛名山▲
浅間山▲
桐生市
前橋市
高崎市
関東平野
妙義山▲
利根川
渡良瀬川
関東山地

温泉旅館（草津駅）

観光

草津温泉

毎分3万2300リットル以上という日本一の湧出量を誇る草津温泉。日本三名泉の1つに数えられ、江戸時代後期以降に作られた温泉番付では常に最高位である大関だった。

恋の病以外は全て効くと言い伝えられている

ひもかわうどん屋（桐生駅）

食品

ひもかわうどん

一般的なうどんとは異なり、幅が広い。お店によっては10cmを超えるものもある。桐生市の郷土料理の1つで、極端に長いものや幅が広いものが名物。

こしは弱く、表面は滑らかなのが特徴

※ ■色の項目は「場所」について、■色の項目は「名産品」について解説しています。

群馬県がよくわかる！場所と名産品

草津温泉スキー場
温泉街と隣接したスキー場

スキー場（草津駅）

観光

草津温泉に隣接した100年以上の歴史を持つスキー場。1948年に日本初のリフトがかけられた。2018年の本白根山噴火により、一部のゲレンデは廃止となってしまった。

大正時代から100年以上の歴史がある

おっきりこみ
群馬県の郷土料理

おっきりこみ屋（前橋駅）

食品

幅広の生麺と里芋、ダイコン、キノコなどを煮込んだ料理。煮込むことで生麺の打ち粉が溶け出してとろみが出るのが特徴。スープは味噌ベースと醤油ベースが基本。

地域によっては煮ぼうとうとも呼ばれている

オランダコロッケ屋（高崎駅）

食品

チーズ入りのコロッケ
オランダコロッケ

2000年に高崎市制100周年のイベント「オランダフェスタ in 高崎」で作られたのが始まり。俵型で、オランダを代表する食材のチーズやベーコンなどの具が入っている。

とろけ出るチーズが特徴

即席めん工場（前橋駅）

食品

サッポロ一番発祥の地
即席めん

前橋は「サッポロ一番」などの即席めんを製造販売している「サンヨー食品」が創業したところ。市内の工場ではさまざまな即席めんが作られている。

前橋市は良質な小麦の産地で、うどん、ラーメン、パスタなど、粉物が定着している

北海道地方

東北地方

関東地方

中部地方

近畿地方

中国・四国地方

九州地方

31

新一万円札の渋沢栄一の出身県
埼玉県

? どんなところ？

関東平野を流れる荒川は、埼玉県内で日本最大の川幅となっている。上流の秩父長瀞の荒川ライン下りには多くの観光客が訪れる。近郊農業が盛んで、深谷ネギなどが知られている。

基本データ

県庁所在地：さいたま市	人口：約735万人
面積：3798㎢	人口密度：1935.3人／㎢

深谷市○

○熊谷市

利根川

秩父盆地

○秩父市

▲武甲山

関東平野

関東山地

甲武信ヶ岳

荒川

◎さいたま市

狭山湖

観光
鉄道記念館（さいたま駅）
鉄道博物館

東日本旅客鉄道（JR東日本）の創立20周年記念事業のメインプロジェクトとして、2007年10月に開館した博物館。国の重要文化財に指定されている車両なども展示されている。2018年7月に全面リニューアルした。

機関車など36両の実物車両が展示されている

観光
サッカースタジアム（さいたま駅）
埼玉スタジアム2002

2002FIFAワールドカップを日本で開催するために造られたサッカー専用のスタジアム。サッカー専用競技場としては日本最大の6万3700人を収容できる。

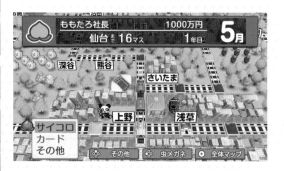

フットサルコートは市民に開放されている

※ ■色の項目は「場所」について、■色の項目は「名産品」について解説しています。

深谷ネギ畑（深谷駅）

農林・水産

フルーツに匹敵する糖度を持つ

深谷ネギ

深谷ネギは品種ではなく、深谷地方で栽培されているネギの総称。繊維のきめが細かく、甘く、白根部分が長いことが特徴。特に糖度は10〜15前後とミカンなどと同じ甘さ。

冬に収穫した深谷ネギは特に甘い

五家宝屋（熊谷駅）

食品

埼玉県の郷土菓子

五家宝

五家宝は、穀物を水飴などで固め棒状にした芯を、きな粉に水飴などを混ぜた皮で巻いて、さらにきな粉を表面にまぶした菓子。おなかにやさしく、栄養もたっぷり。

夏には冷やし、冬は温めて食べる

みそポテト屋（秩父駅）

食品

秩父のソウルフード

みそポテト

ふかしたジャガイモを天ぷらにしたものに甘辛い味噌ダレをかけた秩父の名物。家庭でも手軽に作ることができ、おやつやお酒のおつまみとして地元の人たちから愛されている。

もともとは間食として食される家庭料理だった

草加せんべい屋（さいたま駅）

食品

草加せんべい

大正天皇が食したことから名物に

草加市の名産品で、うるち米が原料のせんべい。もともとは米を団子状にして乾燥させ、保存食としていたものを日光街道、奥州街道の草加宿で販売したのが発祥とされている。

せんべい手焼き体験ができるテーマパークも

北海道地方

東北地方

関東地方

中部地方

近畿地方

中国・四国地方

九州地方

テーマパークや博物館などが豊富

千葉県

どんなところ？

特産品である落花生や江戸時代から続く醤油造りが有名。そのほかにも、梨、ネギ、ほうれん草などの栽培も盛ん。成田国際空港は日本を代表する空の玄関口である。

基本データ

県庁所在地：千葉市　　人口：約626万人
面積：5158km²　　人口密度：1213.6人／km²

伊能忠敬博物館（佐原駅）観光

伊能忠敬記念館

江戸時代に日本全国を測量してまわり、初めて実測による日本地図を完成させたことで有名な伊能忠敬に関する資料が保管されている記念館。測量器具や日記などが展示されている。

記念館の近くには伊能忠敬の旧宅がある

美術館（千葉駅）観光

千葉市美術館

千葉市を中心とした房総ゆかりの作品や、江戸時代以降の日本絵画と版画、1945年以降の現代美術を中心に収集する美術館。特に浮世絵のコレクションが充実している。

参加・体験型のイベントも行われている

利根川
江戸川
手賀沼
印旛沼
香取市
銚子市
犬吠埼
船橋市
幕張
千葉市
東京湾
下総台地
九十九里浜
富津岬
房総半島
房総丘陵
太平洋
鴨川市
館山市
野島崎

※ ■色の項目は「場所」について、■色の項目は「名産品」について解説しています。

北海道地方

東北地方

関東地方

中部地方

近畿地方

中国・四国地方

九州地方

鴨川シーワールド（鴨川駅）

観光

鴨川シーワールド

シャチのパフォーマンスが楽しめる

体長5m、体重2tもの大きさのシャチをはじめ、イルカやアシカ、ベルーガなどの海獣や、マンボウ、ウミガメなど様々な海の生き物に出会える水族館。日本で唯一のシャチのパフォーマンスが楽しめる。

さまざまな海獣のパフォーマンスもある

ぬれせんべい屋（銚子駅）

食品

ぬれせんべい

銚子市発祥のせんべい

煎餅の生地を焼いた直後の熱いうちに醤油に漬けたせんべい。しっとりとして柔らかいのが特徴。銚子では、利根川の水運などを利用して大豆や小麦が手に入りやすかったことから、醤油造りが盛んになった。

柔らかい食感にファンが多いせんべい

落花生畑（千葉駅）

農林・水産

天日干しにすることで甘みが増す

落花生

千葉県は日本一の落花生生産量を誇る。地元では掘りたての落花生をさっと水洗いし、塩ゆでにして食べる。貧血や、神経痛などの予防にも効果があるといわれている。

千葉には落花生の専門店も多い

びわ畑（館山駅）

農林・水産

初夏の味覚として有名

房州びわ

南房総地域で作られる「房州びわ」は毎年皇室にも献上されている名産品。みずみずしく大粒であることが特徴。歴史は古く、江戸時代中期に出荷された記録も残っている。

千葉は、長崎県に次いでびわの生産量第2位

政治経済の中心である日本の首都

東京都

? どんなところ?

国内外から多くの人々が訪れる東京。官公庁、大企業の本社、世界各国の大使館などが集まり、政治や経済の中心となっている。アミューズメント施設や商業施設もたくさんある。

T 基本データ

都庁所在地:東京(新宿区)　人口:約1392万人
面積:2194km²　人口密度:6344.7人／km²

観光

博物館(上野駅)

東京国立博物館

日本と東洋の文化財の収集保存や調査研究、修復などを行う博物館。国宝や重要文化財が多数展示されており、質・量ともに日本一ともいえるコレクションを持つ。

1872年に創設され、上野公園内にある

関東山地

島しょ部

三原山▲　伊豆大島

利島

新島
式根島

神津島

雄山　三宅島
御蔵島

父島
母島　八丈島

奥多摩湖

関東平野

八王子市○

高尾山▲

多摩川

江戸川

台東区○
新宿区○
渋谷区○　●東京

品川区○

東京湾

ももたろ社長　1000万円
仙台　19マス　1年目　4月

大久保　秋葉原
後楽園
日本橋　船橋　佐原
東京
千駄ヶ谷　銀座　幕張
サイコロ
カード
その他　鉄道省

観光

新国立競技場(千駄ヶ谷駅)

国立競技場

サッカーなどのスポーツ大会の試合会場としても使用される競技場。建築家の隈研吾らが手掛け、環境に優しく、全ての人が快適に利用できるようにデザインされている。

軒庭には47都道府県の木材が使われている

※ ■色の項目は「場所」について、■色の項目は「名産品」について解説しています。

東京都がよくわかる！ 場所と名産品

北海道地方

東北地方

関東地方

中部地方

近畿地方

中国・四国地方

九州地方

雷おこし屋（浅草駅）

食品

サクサクとした食感が特徴

雷おこし

米を蒸して餅にした生地に、さらに熱を加えたものを、水あめや砂糖、ピーナッツを混ぜて練り固めた浅草の土産物。「家を起こす」「名を起こす」をかけた縁起物として人気。

発祥は1600年代後半ともいわれる

人形焼き（浅草駅）

食品

いろいろな形がある

人形焼き

カステラ生地にあんこなどを入れて焼いた和菓子。中央区日本橋人形町が発祥の地とされ、お土産としても人気。焼き型は時代とともに変わっている。

合格を記念した人形焼もある

くさや屋（八丈島駅）

食品

独特の風味がくせになる

くさや

八丈島の伝統食である「くさや」は、近海で獲れたムロアジやトビウオなどを「くさや汁」に漬け込んだ後で、天日干しした発酵食品。独特な強い風味を持ち、保存性も優れている。

くさやは八丈島では、冠婚葬祭に欠かせない

美術館（上野駅）

観光

国立西洋美術館

西洋の美術作品を収集する

西洋の美術作品を専門に収集、展示、研究を行う美術館。本館は世界遺産に登録されている。モネ、ルノワール、ゴーガンなど世界的に著名な芸術家の作品を6000点以上所蔵している。

ロダンの「考える人」の彫刻は有名

横浜港は日本有数の貿易港

神奈川県

? どんなところ？

箱根や湯河原の温泉街や横浜中華街、歴史的建造物である横浜赤レンガ倉庫などさまざまな観光名所がある。夏になると海水浴やサーフィンなどを目当てにした観光客が訪れる。

基本データ

県庁所在地：横浜市	人口：約920万人
面積：2416k㎡	人口密度：3806.8人／k㎡

赤レンガ倉庫街（横浜駅） 観光

横浜赤レンガ倉庫

横浜港にあるレンガ造りの建物。現在はショッピング、グルメ、イベントなどが楽しめる人気観光地になっている。もともとは明治末期から大正初期にかけて倉庫として建設された。

経済産業省によって近代化産業遺産に認定

多摩川
川崎市
関東平野
横浜市
相模川
丹沢山▲
▲大山
東京湾
鎌倉市
江の島
小田原市
箱根山▲　箱根町
相模湾
三浦半島
芦ノ湖

彫刻の美術館（箱根駅） 観光

彫刻の森美術館

1969年に開館した日本初の野外彫刻を中心とした美術館。7万㎡の緑豊かな庭園に約120点の彫刻が展示されている。敷地内を歩きながら野外彫刻を楽しむことができる。

ピカソ館などの室内展示場や天然温泉の足湯もある

※ ■色の項目は「場所」について、■色の項目は「名産品」について解説しています。

神奈川県がよくわかる！場所と名産品

北海道地方
東北地方
関東地方
中部地方
近畿地方
中国・四国地方
九州地方

シューマイ屋（横浜駅）

シューマイ
横浜名物シウマイ弁当

食品

横浜市に本社を置く「崎陽軒」は横浜名物「シウマイ弁当」を製造販売する企業。冷めてもおいしいシューマイを作るために、豚肉だけでなく干帆立貝柱も使われている。

シウマイ弁当は1954年に発売された

海軍カレー屋（横須賀駅）

海軍カレー
カレーの街横須賀の名物

食品

明治時代に発行された日本海軍の料理のレシピをもとに作られた「よこすか海軍カレー」は、栄養のバランスを取るため、必ずカレーライス・サラダ・牛乳の3点セットで提供する決まりがある。

煎った小麦粉をカレー粉に混ぜるのが特徴

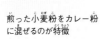

小田原産の「湘南シラス」で作る

生シラスの沖漬け

小田原漁港で獲れた生シラスを醤油などに漬け込んだ料理。もともとは水揚げされたらすぐにタレの中に放り込んでいたため、文字通り沖で漬けるものだった。

プリップリの食感がおいしい

かまぼこ屋（小田原駅）
食品

新鮮な海の幸が原料のかまぼこ

かまぼこ

江戸時代から作られていたといわれる「小田原かまぼこ」。蒸して作る「板付きかまぼこ」は小田原が発祥とされ、「小田原式」とも呼ばれている。

かまぼこ屋が並ぶかまぼこ通りがある

"桃鉄"に出てくる関東地方の駅名と物件名一覧

茨城県

駅名	物件名	価格	収益率
① 水戸	食 のし梅屋	1000万円	25%
	江戸時代に梅を使った気付け薬として作られたのが始まりといわれる水戸の銘菓		
	食 けんちんそば	1000万円	50%
	野菜をごま油で炒め、だしを加えて煮込むけんちん汁をつけ汁にする蕎麦		
	食 水戸光圀グッズ屋	3000万円	50%
	水戸黄門としても知られる徳川光圀は常陸水戸藩の第2代藩主		
	食 アンコウ鍋屋	1億円	2%
	食 納豆工場 (2)	2億円	2%
	観 紅梅公園	100億円	1%
	商 家電量販店	130億円	1%
② ひたちなか	食 干しいも屋	1000万円	50%
	食 納豆カツ屋	1000万円	50%
	納豆をとんかつの上にかけたり、中に入れたりするB級グルメ		
	食 あんこう鍋屋	1億円	4%
	茨城を代表する冬の味覚。コラーゲンたっぷりで、脂肪が少なく健康的		
	観 ネモフィラの丘	10億円	10%
	ひたちなか市の「国営ひたち海浜公園」は4～5月頃、ネモフィラで青一色に		
	農水 魚市場	14億円	2%
	工 半導体工場	25億円	3%
	工 エレベーター工場	31億円	3%
	工 総合電機メーカー	82億円	3%
	日立市は世界有数の総合電機メーカー「日立製作所」の創業の地		
③ 笠間	食 笠間そば屋	1000万円	50%
	笠間市内に30軒以上あり、茨城ブランドの常陸秋そばを利用している店も多い		
	農水 栗林 (2)	8000万円	10%
	商 笠間焼き工房 (2)	1億円	1%
④ 土浦	食 レンコンラーメン屋	1000万円	25%
	食 レンコンどらやき屋	1000万円	50%
	農水 レンコン畑 (3)	1億円	1%
	レンコンの生産量日本一の茨城県の中でも低湿地帯が広がる霞ヶ浦周辺が栽培の中心		

駅名	物件名	価格	収益率
⑤ 北茨城	食 あんこう鍋屋 (3)	8000万円	10%
	観 思索の六角堂	1億円	3%
	観 五浦温泉	10億円	3%

栃木県

駅名	物件名	価格	収益率
⑥ 那須	食 釜めし屋	1000万円	70%
	農水 エリンギ栽培	5000万円	5%
	農水 とちおとめ園 (2)	5000万円	8%
	商 別荘地販売所	1億円	1%
	農水 乳牛牧場	4億円	1%
	栃木県は乳牛の頭数は北海道に次いで2位。「ミルクの国とちぎ」とも呼ばれている		
	農水 スカイベリー園	5億円	8%
	観 観光牧場	5億円	2%
⑦ 宇都宮	食 ギョーザ屋 (5)	1000万円	50%
	農水 かんぴょう畑 (3)	5000万円	5%
	栃木県は国産かんぴょうの9割以上を生産する日本一の産地		
⑧ 栃木	食 じゃが芋焼そば屋 (2)	1000万円	80%
	農水 かんぴょう畑	1億円	3%
	農水 とちおとめイチゴ園 (2)	3億円	4%
	農水 スカイベリー園 (2)	5億円	8%
	観 小江戸の町並み	50億円	3%

群馬県

駅名	物件名	価格	収益率
⑨ 桐生	食 桐生うどん屋 (2)	1000万円	50%
	食 ひもかわうどん屋 (2)	1000万円	50%
	食 子供洋食屋	1000万円	80%
	工 二輪モーター屋	20億円	3%
	工 パチンコ機器工場	50億円	3%
⑩ 前橋	食 おっきりこみ屋	1000万円	50%
	食 イチゴもんじゃ屋 (2)	1000万円	80%
	かき氷に使うイチゴシロップを隠し味に使う伊勢崎市のソウルフード		
	工 即席めん工場	5億円	10%
	商 家電量販店	650億円	2%
	食 鳥めし弁当屋	1000万円	80%
	しょうゆベースのタレがからんだ薄切りの鶏肉を敷き詰めた群馬県民のソウルフード		
⑪ 高崎	食 焼きまんじゅう屋 (2)	1000万円	80%
	皮は小麦粉を使い、こんがりと焼いて甘辛い味噌ダレを塗り付けたまんじゅう		
	食 オランダコロッケ屋	3000万円	80%
	食 パスタ屋 (2)	1億円	2%
	観 ビジネスホテル	8億円	2%
	工 ホッチキス工場	130億円	1%

駅名	物件名	価格	収益率
⑫ 沼田	食 だんご汁屋	1000万円	80%
	小麦粉を練って丸めてちぎっただんごを地元産の野菜と一緒に煮込んだ鍋料理		
	食 みそパン屋 (3)	1000万円	100%
	コッペパンやフランスパンの中に甘い味噌ダレを塗り込んだご当地パン		
	食 バウムクーヘン屋	1億円	3%
⑬ 草津	食 舞茸うどん屋	1000万円	50%
	農水 高原キャベツ畑	1億円	3%
	観 温泉旅館	4億円	2%
	観 湯畑の町並み	50億円	3%
	毎分4000リットルの温泉が湧き出る湯畑は草津温泉のシンボルでもある		
	観 スキー場	100億円	3%

埼玉県

駅名	物件名	価格	収益率
⑭ 深谷	食 煮ぼうとう屋 (2)	1000万円	50%
	農水 深谷ネギ畑 (2)	8000万円	8%
	農水 トウモロコシ畑 (3)	1億円	10%
	糖度が高く、フルーツ並みの甘さを誇り、生でも食べられる「味来」という品種を栽培		
	食 アイス工場	10億円	20%
⑮ 熊谷	食 五家宝屋 (2)	1000万円	80%
	食 いなり寿司屋	1000万円	100%
	利根川沿いの妻沼地区では良質の米がとれたこともあり、いなりずしが名物だった		
	工 磁石工場	25億円	3%
	工 セメント工場	860億円	3%
⑯ さいたま	食 草加せんべい屋 (2)	1000万円	50%
	観 鉄道記念館	100億円	2%
	観 サッカースタジアム	200億円	1%
	観 多目的アリーナ	400億円	1%
⑰ 秩父	食 みそポテト屋	1000万円	50%
	食 くるみ味噌焼き鳥屋	1000万円	50%
	細かく砕いたクルミと味噌を合わせたタレで味付けした焼き鳥		
	食 豚のみそ煮込み屋	1000万円	100%
	濃厚な味わいの秩父味噌で豚肉を煮込んだ秩父名物		
	工 ワイン工場	5億円	3%
	自家ぶどう園で栽培された葡萄だけを使い、ていねいに醸造された「秩父ワイン」		
	工 セメント工場	300億円	3%
	秩父にある武甲山の石灰岩を原料として製造が盛んになった		

春にはネモフィラの淡いブルーの色が一面に広がり絶景!

※「物件名」の左のマークは、食食品、農水農林・水産、商商業、工工業、観観光を表します。「物件名」の後の「（2）」などの数字はゲーム内の物件数を表します。

千葉県

駅名	物件名	価格	収益率
⑱ 船橋	🍴ソースラーメン屋（3）	1000万円	50%
	ウスターソース特有のスパイシーさや甘さ、酸味がクセになる船橋のご当地ラーメン		
	🏪ばしっしーグッズ屋	1000万円	100%
	🏨ベイホテル	10億円	2%
	🏟競馬場	29億円	3%
	🍴ビール園	100億円	2%
	🏪ショッピングモール	366億円	2%
	「ららぽーとTOKYO-BAY」はららぽーとの1号店で、最大の店舗面積を持つ		
⑲ 千葉	🌾落花生畑	1億円	7%
	🏪棚卸し専門店	6億円	5%
	🏛美術館	8億円	5%
	🏭製鉄所（3）	200億円	5%
	「JFEスチール東日本製鉄所」は国内トップクラスの生産量を誇る		
	🏭コンビナート	400億円	1%
	🏭火力発電所	800億円	1%
⑳ 幕張	🏟プロ野球チーム	30億円	2%
	🏪イベント会場（2）	40億円	3%
	🏨ホテル（2）	80億円	1%
	🏟東京ネズミーランド	5500億円	4%
	🏟東京ネズミーシー	8000億円	3%
	🏪スタートゥモロウ	8000億円	5%
㉑ 佐原	🍴ピーナッツもなか屋（3）	1000万円	80%
	🏪伊能忠敬グッズ屋	3000万円	50%
	🏛伊能忠敬博物館	10億円	1%
㉒ 銚子	🍴ぬれせんべい屋（2）	1000万円	100%
	🍴漁師のプリン屋	3000万円	50%
	銚子の伊達巻はプリンのような見た目と味から「漁師のプリン」とも呼ばれている		
	🍴魚市場	4億円	1%
	🚢サンマ漁船団	9億円	1%
	秋が深まるとともに、北海道沖から銚子沖へと南下してくるサンマを水揚げする		
	🍴醤油工場（2）	10億円	1%
㉓ 鴨川	🏪サーフィンショップ（3）	3000万円	50%
	鴨川は日本初のサーフィン大会が開かれ、多くのプロサーファーを輩出している		
	🏨黄金風呂ホテル	20億円	1%
	🏟鴨川シャチワールド	40億円	1%
	🍴さんが焼き屋	1000万円	50%
	鯵などを味噌と一緒に細かくたたいた「なめろう」を焼いたさんが焼きは千葉の郷土料理		
㉔ 館山	🍴くじら弁当屋	1000万円	100%
	🍴ピーナッツソフト屋（2）	1000万円	200%
	🌾びわ畑（2）	8000万円	5%
	🏨リゾートホテル	80億円	1%
	🏟ゴルフ場	100億円	1%

神奈川県

駅名	物件名	価格	収益率
㉕ 川崎	🍴せき止め飴屋	1000万円	50%
	🏭サッシ工場	10億円	2%
	🏪おもちゃ量販店	60億円	4%
	🏭観光バス工場	100億円	1%
	🏭造船メーカー	250億円	1%
	🏪ラゾーナビル	500億円	2%
	🏭半導体工場	860億円	3%
	🏭ソフトウェア工場	3300億円	3%
㉖ 横浜	🍴サンマーメン屋（2）	1000万円	50%
	醤油ベースのスープにモヤシの入ったあんをかけたご当地ラーメン		
	🍴シューマイ屋	3億円	10%
	🏛鉄道模型博物館	10億円	3%
	🏛赤レンガ倉庫街	40億円	4%
	🏟サッカースタジアム	200億円	4%
	🏪ランドセルタワー	2200億円	4%
	🏭自動車会社	6000億円	1%
㉗ 中華街	🍴馬肉レストラン	1億円	5%
	🍴中華飯店（3）	5億円	5%
	日本三大中華街の1つである横浜中華街にはさまざまな中華料理店がある		
	🏟プロ野球チーム	80億円	5%
	🍴サブレー屋（2）	1000万円	50%
	鎌倉市には、神奈川を代表する銘菓「鳩サブレー」を作る企業がある		
	🍴わらび餅屋	1000万円	80%
	きな粉や抹茶の粉、黒蜜をかけて食べる、わらび粉を原料とする口どけの良い和菓子		
㉘ 鎌倉	🌾三浦ダイコン畑（2）	8000万円	5%
	柔らかく、煮崩れしにくいため、ぶり大根やおでんに合っているダイコン		
	🏪鎌倉彫り工房	2億円	1%
	木に彫刻を施したうえで漆を塗り重ねる手法で作る彫刻漆器の1つ		
	🍴ローストビーフの店	6億円	1%
	🏪小町通り商店街	80億円	2%
	約250店もの商店で形成され、日用品や土産物店、飲食店が軒を連ねる		
㉙ 横須賀	🍴海軍カレー屋	1000万円	50%
	🍴ポテチパン屋	1000万円	80%
	パンにポテトチップスを挟んだ横須賀のローカルグルメ		
	🏪スカジャン洋品店（2）	3000万円	50%
	ジャンパーの背中に虎や龍など和風の刺繍が入った「スカジャン」は横須賀が発祥。		
	🏭ハロゲンランプ工場	20億円	2%
	🏭造船所	80億円	4%
	🏭携帯電話研究所	1000億円	3%
	🏭自動車工場	2000億円	2%

駅名	物件名	価格	収益率
㉚ 小田原	🍴かまぼこ屋（2）	1000万円	50%
	🍴生シラスの沖漬け屋	1000万円	100%
	🍴老舗おはぎ屋	1000万円	100%
	小田原には老舗甘味処も多く、自慢のおはぎが販売されている		
	🍴なつかしパン屋	1000万円	200%
㉛ 箱根	🍴温泉玉子屋	1000万円	50%
	箱根の人気スポット大涌谷では、温泉に入れて作られた真っ黒な温泉卵が売られている		
	🍴シチューパン屋	1000万円	80%
	🍴豆腐屋	1000万円	80%
	🏪寄木細工工房	1億円	4%
	様々な種類の木材を組み合わせた手作りの木工芸品で、からくりを施した秘密箱が有名		
	🏛温泉旅館	10億円	3%
	約40万年前から火山活動を継続する箱根火山から、特徴ある泉質の温泉が湧いている		
	🏛白磁美術館	45億円	2%
	🏛彫刻の美術館	65億円	1%
	🏟温泉テーマパーク	120億円	2%
㉜ 湯河原	🍴つけ麺屋	1000万円	200%
	🍴金目しゃぶしゃぶ屋	1億円	10%
	🍴焼き鳥屋	2億円	10%
	🍴寿司屋	3億円	15%
	🍴ステーキハウス	4億円	10%
	🏛温泉旅館	8億円	7%
	湯河原温泉は『万葉集』にも記述されている歴史ある温泉		
	🏛推理小説家記念館	10億円	10%
	🍴スイーツ工房	30億円	3%

東京都

駅名	物件名	価格	収益率
㉝ 上野	🍴ドラ焼き屋	1億円	80%
	🍴小倉アイス屋	1億円	200%
	🍴とんかつ屋	3億円	10%
	🏪デパート	60億円	1%
	🏟動物園	80億円	2%
	🏛美術館（2）	100億円	1%
	🏛博物館	200億円	1%
㉞ 秋葉原	🍴メガ盛り丼屋	1000万円	50%
	🏟メイド喫茶（4）	1億円	4%
	🏟ゲームセンター	2億円	1%
	🏪アニメグッズ屋	2億円	3%
	商品数が膨大で激レアな商品が並ぶアニメグッズ屋が多数ある		
	🏪家電量販店	240億円	2%
	日本一の電気街である秋葉原では品ぞろえ豊かな巨大家電量販店が立ち並ぶ		

35 東京

	物件名	価格	収益率
食	ひれかつ卵サンド屋	1000万円	300%
商	エキナカ商施設	40億円	3%

1日の利用客が約180万人に達する東京駅には、さまざまな商業施設がある

	物件名	価格	収益率
商	証券会社（2）	50億円	2%

日本の金融の中心である東京の丸の内には大手証券会社の本社が立ち並ぶ

	物件名	価格	収益率
観	深夜高速バス会社	200億円	1%
商	まるまるビル	800億円	1%
商	超丸デパート	1000億円	2%

36 浅草

	物件名	価格	収益率
食	雷 おこし屋	5000万円	50%
食	人形焼き屋	6000万円	50%
食	イモようかん屋	3億円	4%

サツマイモと砂糖を練り上げ成形した和菓子であるイモようかんは浅草土産の定番

	物件名	価格	収益率
食	すき焼き屋	4億円	4%

浅草はすき焼きの原型である「牛鍋」の発祥の地。明治の文明開化とともに広まった料理

	物件名	価格	収益率
観	お屋敷遊園地	5億円	1%
観	まるごとJAPAN	30億円	4%
観	東京セカイツリー	6340億円	10%

37 日本橋

	物件名	価格	収益率
食	老舗オムライス屋	1億円	3%
食	老舗海苔屋	3億円	2%
食	老舗梅干し飴屋	5億円	2%
食	老舗折詰弁当屋	5億円	4%
商	化粧品会社	48億円	1%
工	磁気テープ会社	330億円	1%
商	老舗デパート	500億円	2%

「日本橋三越本店」の建物は国の重要文化財にも指定されている

38 銀座

	物件名	価格	収益率
食	ペポちゃん菓子店	1億円	15%
食	フルーツパーラー	3億円	4%

1894年創業の老舗果物専門店「銀座千疋屋」には、最高級の果物が並ぶ

	物件名	価格	収益率
食	極上天ぷら屋	3億円	10%
食	おもちゃ屋	10億円	1%
観	地方アンテナ店	30億円	2%
商	化粧品会社	630億円	2%
工	製紙会社	1100億円	1%

39 後楽園

	物件名	価格	収益率
食	スーパー温泉	20億円	1%

水がテーマの総合アミューズメント施設「ラクーア」ではお風呂を楽しめる

	物件名	価格	収益率
観	スポーツホール	40億円	1%
観	遊園地	80億円	2%
観	プロ野球チーム	100億円	5%
観	ドームスタジアム	400億円	1%

40 お台場

	物件名	価格	収益率
商	アミューズメント街	10億円	1%

「東京ジョイポリス」や「日本科学未来館」などさまざまなアミューズメント施設が立ち並ぶ

	物件名	価格	収益率
観	昭和30年代商店街	20億円	1%

昭和30年代をイメージしたレトロな街並みを再現した「台場一丁目商店街」

	物件名	価格	収益率
観	江戸っ子温泉ランド	60億円	2%
観	観覧車	200億円	3%
商	東京ビッグファイト	400億円	1%
商	テレビ局	800億円	1%
観	新都市交通会社	1400億円	1%

41 渋谷

	物件名	価格	収益率
商	携帯ショップ（2）	3000万円	100%
商	ファッションタワー	10億円	3%
商	東京ハンズ	60億円	2%

1978年に渋谷に開店した「東急ハンズ」は渋谷の新名所として知られるようになった

	物件名	価格	収益率
工	IT企業（2）	100億円	7%
商	デパート	150億円	1%

42 原宿

	物件名	価格	収益率
食	タピオカティー屋（2）	1億円	100%
食	パンケーキ屋	2億円	100%

若者の街原宿は、パンケーキ激戦区。いくつもの人気店があり、行列を作っている

	物件名	価格	収益率
商	美容室	4億円	1%
商	高級ブランド店	10億円	4%
商	探偵会社	20億円	2%
商	駅前家具店	30億円	1%
商	表参道ヨルズ	1000億円	1%

表参道には、全長約250m、地上6階、地下6階の商業施設「表参道ヒルズ」がある

43 千駄ヶ谷

	物件名	価格	収益率
食	パンケーキ屋（2）	1000万円	50%
食	キャラメル屋	1000万円	80%
食	カレーライス屋	1000万円	80%
観	将棋館	3億円	5%

千駄ヶ谷には、日本将棋連盟の本部が置かれ、公式戦が行われる「将棋会館」がある

	物件名	価格	収益率
観	プロ野球チーム	80億円	3%
観	ラグビー場	700億円	2%

関東ラグビーのメッカである「秩父宮ラグビー場」では数々の名勝負が行われた

	物件名	価格	収益率
観	新国立競技場	1490億円	10%
観	屋形船屋	5000万円	5%

屋形船は船上で宴会や食事が楽しめるように屋根と座敷がある船

44 品川

	物件名	価格	収益率
工	接着剤メーカー	9億6000万円	10%
観	水族館	20億円	2%
観	駅ビル商店街	30億円	5%
観	ビジネスホテル	40億円	1%
観	国際ホテル	40億円	2%
観	高級ホテル	4000億円	3%
工	総合電機メーカー	6400億円	2%

45 新宿

	物件名	価格	収益率
商	蜜柑国書店	1億円	2%
観	お笑い劇場	10億円	4%
商	大型カメラ店（2）	20億円	10%
商	フルーツパーラー	80億円	3%
商	呉服店デパート	501億円	4%
商	新南口駅デパート	660億円	3%

「タカシマヤタイムズスクエア」は「新宿髙島屋」を中心にさまざまな店舗で構成される

	物件名	価格	収益率
商	バスターミナル	1580億円	5%

新宿には高速・長距離バスの発着便数・停車場数とも日本一の「バスタ新宿」がある

46 八王子

	物件名	価格	収益率
食	パンカツ屋	1000万円	50%

食パンに水で溶いた小麦粉を付け、さらにパン粉を付けてラードで焼いたもの

	物件名	価格	収益率
食	豆腐料亭	10億円	4%
工	接着剤工場	27億円	3%
工	消防自動車工場	99億円	2%
工	ミシン工場	113億円	1%

47 大久保

	物件名	価格	収益率
食	ハットグ屋（3）	1000万円	50%
食	韓国料理屋（5）	1億円	1%

韓国人が多い新大久保では韓国料理店や韓国雑貨店が軒を連ねる

48 伊豆大島

	物件名	価格	収益率
食	牛乳せんべい屋	1000万円	25%

水を使わず、大島産の牛乳やバターなどを使う伊豆大島の銘菓

	物件名	価格	収益率
商	椿油屋（2）	1000万円	50%

酸化しにくいオレイン酸を多く含み、髪や肌に良いとされる伊豆大島の名産品

	物件名	価格	収益率
農	サヤエンドウ畑	1億円	3%
食	海洋深層水工場	3億円	2%

49 八丈島

	物件名	価格	収益率
食	くさや屋（2）	1000万円	50%
農	明日葉畑（2）	5000万円	50%

別名「八丈草」とも呼ばれ、栄養素が豊富で健康野菜として注目される

	物件名	価格	収益率
農	フリージア園	8000万円	5%

伊豆大島、八丈島などの島々をまとめて「伊豆諸島」と呼ぶよ

※「物件名」の左のマークは、食食品、農林・水産、商商業、工工業、観観光を表します。「物件名」の後の「（2）」などの数字はゲーム内の物件数を表します。

中部地方

中部地方は、太平洋側の東海、日本海側の北陸、内陸の中央高地の3つの地域のことを指します。中央高地には「日本の屋根」と呼ばれる日本アルプスが連なります。

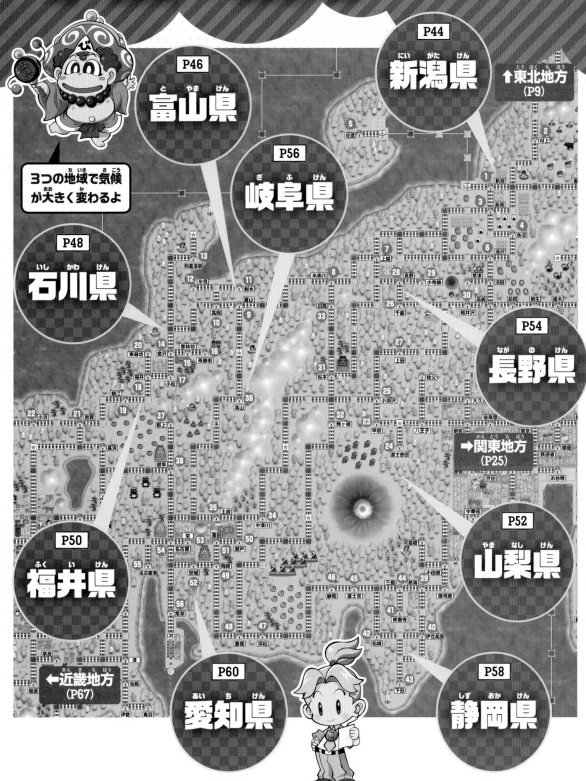

P46 富山県（とやまけん）

P44 新潟県（にいがたけん）

↑東北地方（P9）

P56 岐阜県（ぎふけん）

P48 石川県（いしかわけん）

3つの地域で気候が大きく変わるよ

P54 長野県（ながのけん）

P52 山梨県（やまなしけん）

→関東地方（P25）

P50 福井県（ふくいけん）

←近畿地方（P67）

P60 愛知県（あいちけん）

P58 静岡県（しずおかけん）

※地図上の番号は62〜66ページの駅名の番号と対応しています。

米の生産量日本一！
新潟県

❓ どんなところ？

土と水に恵まれた越後平野などで米作りが盛ん。山間部は日本有数の豪雪地域で、冬にはスキー客でにぎわう。江戸時代に開かれた佐渡金山からは、大量の金が採掘されてきた。

📷 基本データ

県庁所在地：新潟市	人口：約222万人
面積：1万2584km²	人口密度：176.7人／km²

隠し金山パーク（佐渡駅） 観光

佐渡西三川ゴールドパーク

佐渡最古の砂金山といわれる「西三川砂金山」の跡地に建つ体験型資料館。館内では金の歴史や特性、砂金の採取方法などを学べ、実際に砂金採りが体験できる。

採った砂金はキーホルダーなどに加工してくれる

フォッサマグナ館（糸魚川駅） 観光

フォッサマグナミュージアム

国石のヒスイなどを展示する石の博物館。石が伝える大地の歴史のほか、大きな溝という意味を持つ「フォッサマグナ」や日本列島誕生についてもわかりやすく学べる。

貴重な化石や鉱物もたくさん展示されている

※ ■色の項目は「場所」について、■色の項目は「名産品」について解説しています。

新潟県がよくわかる！場所と名産品

コシヒカリ

高品質な新潟のブランド米

コシヒカリ水田（魚沼駅）

農林・水産

米の生産量日本一を誇る新潟県で栽培される代表的な品種。農薬の使用を極力抑え、甘みや粘り、香りを生み出す。新潟県南東部の魚沼地方は雪解け水や昼夜の温度差が高品質な米作りに役立っている。

コシヒカリの由来は「越の国（北陸地方）に光り輝く」

あられおかき工場（新潟駅）

食品

パリッとした食感がおいしい

あられ・おかき

新潟県ではあられやおかきの製造も盛ん。手間ひまかけて育てられた米が風味豊かでパリッとした食感を生み出す。「亀田製菓」「越後製菓」など、おなじみの企業も多い。

国産米100％使用で食感だけでなく香りも豊か

栃尾の油揚げ屋（長岡駅）

食品

ふっくらとした巨大な油揚げ

栃尾の油揚げ

通常の3倍もの大きさがある巨大な油揚げ。大きな穴を開けて油を切ったり、低温と高温で2回揚げたりするなど作り方に工夫を込めることで芯までふっくらとした食感を生み出す。

新潟ではメインのおかずとして好まれている

イヨボヤ博物館（村上駅）

観光

日本初の鮭を扱った博物館

イヨボヤ会館

日本最初の鮭の博物館。村上市の三面川には、秋になると鮭が帰ってくる。その歴史や文化、鮭の生態などを学べる施設。エサやり体験などのイベントも実施。オリジナルグッズなどお土産も充実。

卵の孵化や稚魚が懸命に泳ぐ姿は感動的

のどぐろ屋（糸魚川駅）

食品

「幻の魚」とも呼ばれる高級魚

のどぐろ

スズキの仲間で正式名称はアカムツ。口の中を見るとのどのあたりが黒いことから「のどぐろ」と呼ばれている。白身魚ながら脂がたっぷりと乗っている。

寿司や塩焼きが絶品

富山県

富山湾は魚介類の宝庫

？ どんなところ？

1963年に完成した黒部ダムは、ダムの堤高が186mで日本一。毎年決まった時期に放水が行われ、放水を目当てに観光客がたくさん訪れる。

基本データ

県庁所在地：富山市 人口：約104万人
面積：4248km² 人口密度：245.7人／km²

帆船パーク（射水駅）　観光

海王丸パーク

昭和初期から商船学校の練習船として活躍した海王丸を中心とする広場。船内は歴史海洋博物館になっていて、現役当時の設備をそのままの状態で見学することができる。

富山でも有数のデートスポットとして知られる

日本海
氷見市○
富山湾
高岡市○
○射水市 白馬岳▲
富山市 飛騨山脈
富山平野
剱岳▲
立山▲

ももたろ社長 10億3740万円 11月
浜松まで20マス 3年目

サイコロ
カード
お楽しみ
その他

万葉歴史館（高岡駅）　観光

高岡市万葉歴史館

万葉集の編者とされる大伴家持が越中に赴任していた際に詠まれた歌を中心に、映像や音で万葉集の世界を学べ、楽しめる施設。膨大な研究論文や貴重な古写本なども収蔵している。

万葉集ゆかりの花木を植栽した庭も必見

※ ■色の項目は「場所」について、■色の項目は「名産品」について解説しています。

北海道地方

東北地方

関東地方

中部地方

近畿地方

中国・四国地方

九州地方

チューリップ

チューリップ園（高岡駅）
チューリップの球根出荷量日本一

農林・水産

富山県はチューリップの球根出荷量が日本一。砺波市には、「砺波チューリップ公園」「チューリップ四季彩館」などチューリップについての知識を学べる施設や自然公園がある。

富山は県が育種を応援しているチューリップ王国

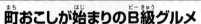

高岡コロッケ

コロッケ屋（高岡駅）
食品
町おこしが始まりのB級グルメ

高岡が全国で有数のコロッケ消費量を誇ることから、町おこしとしてご当地コロッケが作られた。じゃがいものシンプルなものから変わり種の具材まで味の種類はさまざま。

高岡では全国のコロッケが集うイベントも開催

富山ブラック

ブラックラーメン屋（富山駅）
食品
スープが真っ黒のラーメン

色の濃い醤油スープがトレードマークのご当地ラーメン。大きくぶつ切りにされたネギやメンマを麺と混ぜ合わせながら食べる。塩っ気が強く、ごはんとの相性がいい。

卵をトッピングしてまろやかにするのもおすすめ

寒ブリ

寒ブリ料理屋（氷見駅）
冬の日本海を代表する味覚

食品

氷見で水揚げされる寒ブリは脂の乗りが良く、漁港でも高値で取り引きされている。産卵前の脂が乗り切った状態で漁獲され、近隣の旅館や料理店では冬になるとさまざまなメニューで食べることができる。

刺身やブリしゃぶが絶品

加賀百万石と称される城下町
石川県

❓ どんなところ?

金沢市には金沢城公園や兼六園、石畳に土塀が続く武家屋敷跡など、情緒たっぷりの町並みが残る。北陸新幹線の開業で、さらに多くの観光客が訪れるようになった。

基本データ

県庁所在地：金沢市　人口：約114万人
面積：4186km²　人口密度：271.8人／km²

ひがし茶屋街（茶屋街駅） 観光
ひがし茶屋街

金沢を代表する茶屋街で重要伝統的建造物群保存地区に指定されている。赤紫色の紅殻格子の町家が立ち並ぶ光景は、まるでタイムスリップしたかのような和の情緒を感じさせる。

伝統工芸品の店や料亭などが並ぶ

兼六園（金沢駅） 観光
兼六園

日本三大名園の1つ。江戸時代に加賀藩主の前田綱紀が別荘の周辺を庭園にしたのが始まり。広い園内には山に見立てた築山や池などが配置され、歩き回りながらさまざまな景色を楽しめる。

夜にはライトアップされた景色が見られる

能登半島

能登島

富山湾

日本海

金沢市

金沢平野

小松市

手取川

白山

両白山地

今世紀美術館（香林坊駅） 観光
金沢21世紀美術館

世界各国の現代美術アーティストの作品を展示。レアンドロ・エルリッヒ作『スイミング・プール（通称レアンドロのプール）』（写真）は、プールの中からも外からも鑑賞できる人気作品。

ミュージアムショップやレストランも併設している

※ ■色の項目は「場所」について、■色の項目は「名産品」について解説しています。

石川県がよくわかる！場所と名産品

九谷焼

江戸時代から続く伝統工芸品
九谷焼き物工房（小松駅）
商業

360年以上の歴史を持つ、金沢の代表的な伝統工芸。鮮やかな色絵が特徴で、器全体を彩る大胆なデザインも魅力的。小松市には人間国宝や文化勲章を受賞している職人もいる。

明治時代には新たな技法が開発され世界に輸出された

金沢おでん

海の幸をふんだんに使ったおでん
金沢おでん屋（金沢駅）
食品

魚介だしをベースにしたスープに、車麩、赤巻、金沢銀杏を使ったひろず（がんもどき）など、金沢ならではの具材を入れて煮込んだおでん。中でもカニの甲羅に身や内子・外子をつめたカニ面は絶品。

海の幸をたっぷり使うのが金沢おでんの特徴

近江町市場（香林坊駅）
食品

「市民の台所」として親しまれる

近江町市場

300年にわたって金沢の食を支えてきた市場。とれたての海の幸や野菜、果物などを扱う店が約170軒並び、活気にあふれる。特に海鮮丼の店は行列ができるほど人気が高い。

地元の人々からは「おみちょ」と呼ばれている

ビンテージカーの館（小松駅）
観光

自動車好きにはたまらない博物館

日本自動車博物館

約500台もの展示数を誇る日本初の自動車博物館。今では街中で見られない、20世紀に国内で活躍した車が集まり、さまざまな趣向を凝らした展示で車の歴史を学ぶことができる。

トラックなど日本製の古い商用車も多数展示

北海道地方
東北地方
関東地方
中部地方
近畿地方
中国・四国地方
九州地方

49

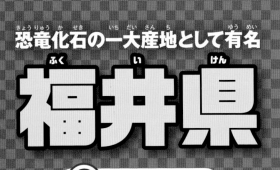

恐竜化石の一大産地として有名

福井県

❓ どんなところ?

人気観光地の東尋坊では、巨大な柱状の岩（柱状節理）がそそり立つ豪快な景観が見られる。鯖江市では、田畑が雪に閉ざされる冬の副業として、メガネフレーム作りが盛んに。

🌸 恐竜博物館（福井駅） 観光

福井県立恐竜博物館

国内では最大級の恐竜に関する資料を展示した博物館。展示室は3つのゾーンに分かれており、恐竜の巨大さがわかる全身骨格標本を44体展示。実物化石に触れる展示やアニメ映画の上映もある。

恐竜のほかに地球の誕生について学ぶ展示もある

🌸 水族館（東尋坊駅） 観光

越前松島水族館

「みて・ふれて・楽しく学べる水族館」をテーマにしており、ウミガメや魚にエサを与えたり、サメやタコにタッチしたり、生物とのふれあいを楽しめる展示がたくさんある。

イルカのショーなどアトラクションも行われる

福井平野
坂井市
福井市◉
日本海
越前岬
九頭竜川
鯖江市
両白山地
若狭湾
敦賀市
小浜市

🌸 湾内観光船（東尋坊駅） 観光

東尋坊観光遊覧船

「東尋坊観光遊覧船」が行っているクルージングで、東尋坊の入り江から約30分かけて柱状節理や夫婦岩、恐竜岩などの名所を巡る。

船の運航は9時〜16時（冬期は15時30分）

※■色の項目は「場所」について、■色の項目は「名産品」について解説しています。

北海道地方

東北地方

関東地方

中部地方

近畿地方

中国・四国地方

九州地方

越前ガニ屋（福井駅）

食品

越前ガニ
日本海の冬の味覚の王様

越前ガニとは、福井県の漁港に水揚げされるオスのズワイガニのこと（メスはセイコガニと呼ばれる）。長い脚には濃厚な甘みの身が、甲羅にはコクのあるカニみそがたっぷり入っている。

足に付けられた黄色のタグが越前ガニの目印

メガネ工場（鯖江駅）

商業

鯖江めがね
国産メガネフレームの9割を生産

明治時代からめがね作りを開始し、1981年には世界で初めてチタンを使ったメガネフレームの開発に成功。現在では日本製のメガネフレームの約96%を鯖江市で製造している。

職人たちの分業により高品質なフレームが生まれる

越前おろしそば屋（福井駅）

食品

そばと大根おろしの相性が抜群
越前おろしそば

強力粉を使った風味の強いそばを、相性の良い辛味大根おろしと一緒に食べる郷土料理。大根おろしとだしで食べたり、大根おろしの絞り汁にだしを加えて食べたりする。

福井県でそばといえばこれ。黒っぽい色が特徴

焼きサバ寿司屋（小浜駅）

食品

サバのうまみが凝縮された寿司
焼きサバ寿司

若狭湾で水揚げされた肉厚なサバの表面をあぶり、酢飯に乗せた名物料理。ジューシーなサバのうまみと間に挟んだ大葉の爽やかな風味が独特の食べごたえを生み出している。

空港や道の駅でもお土産として販売されている

果物栽培が盛んなフルーツ王国
山梨県

? どんなところ?

甲府盆地で栽培されるブドウやモモの生産量は日本一で、シーズンに入ると観光農園でフルーツ狩りが楽しめる。南アルプスから湧き出す天然の地下水を利用したウイスキー製造も盛ん。

基本データ

県庁所在地：**甲府市**　人口：**約81万人**
面積：**4465㎢**　人口密度：**181.6人／㎢**

武将餅屋（甲府駅）
桔梗信玄餅

食品

山梨名物である「桔梗信玄餅」は、きなこをまぶした小さな餅にとろみのある黒蜜をかけて食べる。静岡の安倍川餅をヒントに作られた。容器を小さな風呂敷で包んでいるのが特徴。

工場見学で桔梗信玄餅を作る様子を見ることができる

モモ園（甲府駅）
モモ

農林・水産

モモの収穫量が日本一の山梨県。フルーツ狩りが楽しめる果樹園もたくさんあり、モモは7月から8月にかけて収穫のシーズンを迎える。「日川白鳳」「浅間白桃」などが代表的な品種。

夜にはモモ園がライトアップされることも

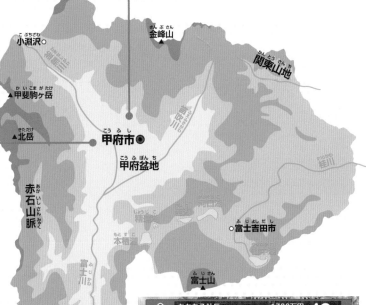

八ヶ岳
小淵沢
金峰山
関東山地
甲斐駒ヶ岳
北岳
甲府市
甲府盆地
赤石山脈
富士吉田市
本栖湖
桂川
富士川
富士山

ももたろ社長　1720万円
大津 23マス　1年目 **10月**

小淵沢
駒ヶ根
甲府　八王子
富士吉田

サイコロ
カード
その他
その他　虫メガネ　全体マップ

※ ■色の項目は「場所」について、■色の項目は「名産品」について解説しています。

52

北海道地方

東北地方

関東地方

中部地方

近畿地方

中国・四国地方

九州地方

鳥もつ煮屋（甲府駅）

昔は捨てられていた食材を活用

甲府鳥もつ煮

1950年ごろに誕生したご当地メニュー。レバー・砂肝・ハツ・キンカンなど、当時は捨てられていた鳥のモツを砂糖と醤油で煮つめて完成した。居酒屋や定食屋でも人気の一品。

もつのうまみをたっぷり含み、ご飯にも合う

甲州ワイン工場（甲府駅）

ぶどうの産地ならではのワイン

甲州ワイン

日本初の国内ワイン。明治時代から生産が開始され、現在では世界的に知られるブランドに。固有品種「甲州」で造る白ワインが代表的だが赤ワインやオレンジワインもある。

山梨県には約80の甲州ワインのワイナリーがある

ほうとう鍋屋（甲府駅）

平たく太い麺が汁とよくからむ

ほうとう鍋

小麦粉を練った太い平打ち麺をかぼちゃ、きのこ、旬の野菜などと一緒に味噌で仕立てた汁で煮込む。打ち粉が溶けることで汁にとろみが付き、もちもちの麺によくからむ。

武田信玄が陣中で食べていたといわれている

日本そば屋（小淵沢駅）

江戸時代から続く老舗の名店も

そば

麺類ではほうとうに並ぶ人気のそば。山梨では夏と秋に栽培が行われ、とりわけ水のきれいな八ヶ岳の山麓では質の良いそばの実が育つ。県内のそば屋には300年を超える老舗の名店も。

そば畑では8月に、白くきれいな花が一面に咲く

3000m級の山々が並ぶ「日本の屋根」

長野県

基本データ

県庁所在地：**長野市**	人口：**約205万人**
面積：**1万3562km²**	人口密度：**151.1人／km²**

? どんなところ?

涼しい気候を利用し、キャベツやレタスなどの高原野菜の栽培が盛んに行われている。軽井沢や野沢温泉が避暑地として人気で、ゴルフ場やキャンプ場などの施設が充実している。

白い馬美術館（長野駅） 観光

長野県立美術館
（東山魁夷館）

「長野県立美術館」の中に日本画の大家・東山魁夷の『白い馬の見える風景』を展示した「東山魁夷館」がある。ほかにも魁夷が長野県に寄贈した作品を多数収蔵している。

東山芸術の世界を楽しめる東山魁夷館の外観

（地図）白馬岳／白馬村／長野盆地／長野市／飛騨山脈／千曲市／上田市／浅間山／槍ヶ岳／穂高岳／軽井沢町／佐久盆地／松本市／松本盆地／乗鞍岳／八ヶ岳／御嶽山／伊那盆地／木曽駒ヶ岳／駒ヶ根市／赤石山脈／木曽山脈／赤石岳

養老酒工場（駒ヶ根駅） 食品

養命酒製造 駒ヶ根工場

日本で古くから飲まれている「養命酒」の工場。工場見学も行っており、1日に4万本以上を製造する工程を間近に見られる。工場の敷地内には小川が流れる緑豊かな森がある。

養命酒に使われる生薬を展示した資料館もある

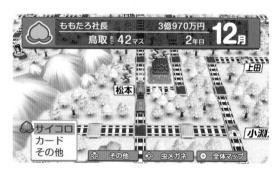

ももたろう社長　3億970万円
鳥取　42マス　2年目　12月
サイコロ／カード／その他
その他／虫メガネ／全体マップ
上田／松本／小淵

※ ■色の項目は「場所」について、■色の項目は「名産品」について解説しています。

栗おこわ屋（小布施駅）食品

栗ともち米の相性が抜群

栗おこわ

室町時代から栽培が始まったといわれている栗の名産地・小布施。スイーツをはじめ、さまざまな食べ物に使われ、特に栗おこわはもち米と栗の甘みが溶け合って絶品。

栗おこわの定食や弁当を販売する店が多い

教会結婚式場（軽井沢駅）観光

避暑地にある結婚式場が人気

教会結婚式場

明治時代、避暑地として開かれた軽井沢には海外から宣教師たちが多く訪れ、早くからキリスト教が根付いた。木漏れ日の中に建つ教会での結婚式はカップルの憧れだ。

軽井沢ウエディングとともに避暑地の観光を

リンゴ園（小布施駅）農林・水産

リンゴ

リンゴの生産量全国2位

長野県は青森県に次ぐリンゴの生産量。なだらかに傾斜した水はけの良い地形、昼夜の寒暖差が大きい気候で、リンゴ栽培に最適な条件がそろう。「シナノゴールド」や「秋映」などのオリジナル品種の開発も盛ん。

旬の時季が8月〜2月と長期間なのも特徴

民芸家具屋（松本駅）商業

松本民芸家具

漆塗りの松本の伝統工芸品

江戸時代に松本城の城下町で家具作りが始まり、大正時代には日本でも指折りの産地に。ミズメザクラ、栃、楢、欅などを使用し、漆で塗装した家具は落ち着きと重厚感を備える。

1976年には国の伝統的工芸品の指定を受けた

北海道地方

東北地方

関東地方

中部地方

近畿地方

中国・四国地方

九州地方

清流「長良川」の鵜飼いが有名

岐阜県

❓ どんなところ?

面積の約8割が森林で、森林資源や水資源を利用した産業が盛ん。美濃和紙、関の刃物などの伝統工芸も見られる。合掌造りで知られる白川郷は世界遺産に登録されている。

📖 基本データ

県庁所在地：岐阜市　人口：約199万人
面積：1万621km²　人口密度：187人／km²

さんまち古い町並み(高山駅) 観光

さんまち通り

高山市の中心に位置し、江戸時代の商家などが現在も多く残されている。古い家屋を利用したカフェや飲食店が並ぶほか、老舗の造り酒屋なども集中しており地酒巡りも楽しめる。

「飛騨の小京都」といわれる風情あふれる町並み

郡上おどり記念館(郡上駅) 観光

郡上八幡博覧館

大正時代に建てられた税務署を再利用したミュージアムで郡上八幡の歴史や伝統工芸などが紹介されている。この地域に伝わる盆踊りの「郡上おどり」の実演も行われている。

「博覧館」は博物館と博覧会の合成語

夜明け前記念館(中津川駅) 観光

藤村記念館

明治から昭和にかけて活躍した文豪・島崎藤村の作品や生涯をたどる記念館。藤村の生家で小説『夜明け前』の舞台になっている本陣跡に建てられた。約7500点にも及ぶ資料を収蔵。

「島崎藤村宅(馬籠宿本陣)」跡として日本遺産に指定されている

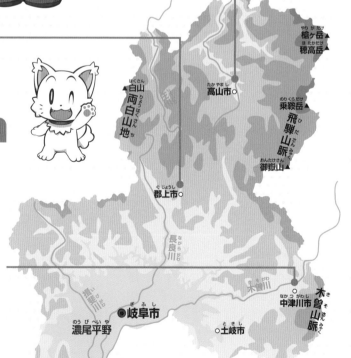

槍ヶ岳
穂高岳
白山
両白山地
高山市
乗鞍岳
飛騨山脈
御嶽山
郡上市
長良川
揖斐川
木曽川
岐阜市
中津川市
木曽山脈
濃尾平野
土岐市

※■色の項目は「場所」について、■色の項目は「名産品」について解説しています。

岐阜県がよくわかる！ 場所と名産品

北海道地方
東北地方
関東地方
中部地方
近畿地方
中国・四国地方
九州地方

馬籠宿の町並み（中津川駅）
中山道の宿場町として発展
馬籠宿

観光

中山道43番目の宿場で、江戸時代の参勤交代では多くの人々が行き交った。石畳の坂の街道には江戸時代の面影が残り、散策しながら歴史が楽しめる。

島崎藤村をはじめ、多くの文化人を生み出した街

鵜飼いグッズ屋（岐阜駅）
鵜を使った伝統的な漁法
ぎふ長良川鵜飼

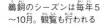

観光

鵜飼は鵜を使って川の魚を獲る漁法で1300年以上の歴史がある。ひもを結び付けた鵜を船上から操る技術は代々受け継がれ、国の重要無形民俗文化財に指定されている。

鵜飼のシーズンは毎年5〜10月。観覧も行われる

飛騨牛ステーキ屋（高山駅）

食品

繊細な味わいが美味なブランド牛
飛騨牛

昭和中期から農耕用に使われていた牛の食肉への転換が始まり、改良を経て岐阜を代表するブランド牛となった飛騨牛。サシが多いのにしつこくない脂身、繊細な味わいが特徴。

ブランド牛のレベルを競う大会でも連覇を達成

美濃焼き物工房（土岐駅）

商業

豊臣秀吉も愛した東濃地方の焼き物
美濃焼

岐阜県の東濃地方で生産された陶磁器。そのルーツは平安時代にまでさかのぼり、さまざまな様式を生み出しながら現代まで受け継がれている。豊臣秀吉も茶の湯に使用していた。

伝統的なものからモダンなものまでデザインも豊富

日本を代表する茶の産地

静岡県

❓ どんなところ?

焼津港はマグロやカツオの水揚げ港として知られ、水産加工を行う工場が集まっている。製造業も発達し、バイク、楽器、製紙パルプなどの生産が盛んに行われている。

📖 基本データ

県庁所在地：静岡市　　人口：約364万人
面積：7777㎢　　人口密度：468.5人／㎢

🎡 花の公園(修善寺駅) 観光

修善寺虹の郷

修善寺自然公園の中にあるテーマパーク。園内は日本庭園やイギリス村、カナダ村などのゾーンに分かれており、園内の交通としてバスとイギリス製のミニSLが走っている。

園内の広さは、なんと東京ドーム約10個分

（地図）
赤石岳
赤石山脈
富士山
富士川
三島市
熱海市
伊豆市
伊東市
伊豆半島
静岡市
駿河湾
大井川
天竜川
浜名湖
浜松市
下田市
太平洋

🌵 シャボテン公園(伊豆高原駅) 観光

伊豆シャボテン動物公園

世界各国のサボテンなど約1500種を展示し、さまざまな動物たちとふれあえるテーマパーク。露天風呂のあるカピバラの展示場では、毎年冬に一家仲良く入浴する姿が見られる。

全国各地で見られるカピバラのお風呂はここが元祖

🎹 ピアノ工場(浜松駅) 工業

浜松市楽器博物館

明治時代、「ヤマハ」の創業者がアメリカ製のオルガンを修理したことがきっかけとなり、楽器製作の中心地となった。ピアノを中心に木管・金管など多種多様な楽器を生産。

世界中の楽器をエリアや種類別に展示

※■色の項目は「場所」について、■色の項目は「名産品」について解説しています。

静岡県がよくわかる！場所と名産品

わさび田（修善寺駅）

農林・水産

世界農業遺産にも認定

筏場のわさび田

静岡県のわさび栽培は400年以上前から行われている。傾斜地に大小の石を積み上げて作られたわさび田に豊富な湧き水を掛け流すことで、高い品質のわさびを生産している。

豊かな自然に囲まれたわさび田は、まさに伊豆の秘境

万華鏡博物館（伊豆高原駅）

観光

人が中に入れる巨大万華鏡が名物

アトリエロッキー万華鏡館

日本や海外の万華鏡を展示する博物館。人が中に入って鑑賞する巨大な万華鏡や、館長が制作したユニークな万華鏡などが展示されている。制作体験コースもある。

館内にはさまざまな造形の万華鏡が並ぶ

こて絵記念館（松崎駅）

観光

こて絵の名人・長八の作品を展示

伊豆の長八美術館

明治時代に活躍した左官職人で漆喰鏝絵の名人・入江長八の作品を展示。約50点の作品からは長八の高い左官技術と狩野派の技法を取り入れた独自の世界観がうかがえる。

漆喰鏝絵の体験教室も開催されている

焼きそば屋（富士宮駅）

食品

モチモチでコシの強い麺が特徴

富士宮焼きそば

コシの強い麺にラードを絞った後の肉かすを入れ、イワシの削り粉をかけたご当地グルメ。2000年代の町おこしで有名になり、B級グルメの祭典でグランプリを獲得したことも。

油で表面がコーティングされた麺を使用

静岡茶畑（静岡駅）

農林・水産

静岡県は茶の生産量日本一

静岡茶

静岡県には、牧之原、磐田原、天竜川や安倍川流域の山間部などに茶畑が広がっており、東海道新幹線や東名高速道路からも見られる。地域ごとに気候や土壌などが異なるため、さまざまな香りや味わいの茶が栽培されている。

静岡市の緑茶の年間購入数量は日本一

北海道地方

東北地方

関東地方

中部地方

近畿地方

中国・四国地方

九州地方

工業出荷額が日本一のものづくり県

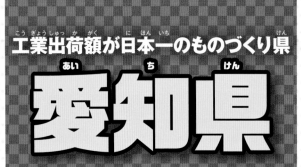

愛知県

? どんなところ?

名古屋市は東海地方の中心都市。豊田市の自動車工業、東海市の鉄鋼業など、工業が発達している日本一の工業県。みそ煮込みうどん、ひつまぶしなどの「名古屋めし」も人気。

南極観測船記念館(名古屋港駅) 観光

南極観測船ふじ

1965年から18年間、南極観測で使用されてきた2代目観測船を名古屋港ガーデンふ頭にそのままの姿で展示。操縦室や居室を見て乗組員たちの船内での生活を疑似体験できる。

ヘリコプター格納庫は南極観測の成果を伝える展示室に

自動車記念館(豊田駅) 観光

トヨタ会館

「トヨタ」の自動車生産に対する考え方や最新技術を紹介する展示館。エコカー開発や燃料電池車への取り組みも知ることができる。交通安全やリサイクルを学べるコーナーもある。

見学ツアーは先着20名で月〜土曜(10:10〜)に実施

📓 基本データ

県庁所在地:名古屋市	人口:約755万人
面積:5173k㎡	人口密度:1459.9人／k㎡

巨大水族館(名古屋港駅) 観光

名古屋港水族館

日本最大級の延床面積を誇る「名古屋港水族館」では、シャチや約3万5000匹ものマイワシの群れ、ウミガメなど、さまざまな海の生き物が見られる。巨大プールで開催されるイルカのパフォーマンスが人気。

海の生き物たちの躍動感あふれる姿に感動

木曽川
濃尾平野
○瀬戸市
●名古屋市
豊田市 ○
伊勢湾
○岡崎市
矢作川
常滑市
岡崎平野
豊橋平野
知多半島
豊川
○豊橋市
三河湾
渥美半島

※ ■色の項目は「場所」について、■色の項目は「名産品」について解説しています。

愛知県がよくわかる！場所と名産品

北海道地方
東北地方
関東地方
中部地方
近畿地方
中国・四国地方
九州地方

みそ煮うどん屋（栄駅）
食品

八丁味噌を使った煮込みうどん

みそ煮込みうどん

赤みの強い八丁味噌で仕立てた汁にコシのあるうどんを入れて煮込む名古屋めしの代表格。うどんは味噌の塩分が溶け込んで辛くならないように小麦粉と水だけで作ったものを使う。

締めにご飯を入れておじやにすることもある

自動車工場（豊田駅）
工業

日本を代表する自動車メーカー

トヨタ自動車

日本を代表する自動車メーカー「トヨタ」は、さまざまなグローバルモデルを製造することで海外でも高い評価を得ている。豊田市内には本社と6つの工場がある。

1日に平均約1万3000台の車が製造されている

ひつまぶし屋（名古屋駅）
食品

3回味を変えて楽しむ郷土料理

ひつまぶし

うなぎを細かく刻み、ごはんにまぶした郷土料理。おひつから茶碗に取り分け1杯目はそのまま、2杯目は薬味を加え、3杯目は昆布やかつおのだしをかけて味の変化を楽しむ。

甘辛タレとうなぎのうまみがご飯に染み込む

常滑焼工房（常滑駅）
商業

日本の近代化に貢献した焼き物

常滑焼

焼き物の町として知られる常滑市は知多半島の西部に位置し、平安時代から焼き物が作られてきた。海に面しているため、常滑焼は古くから、船を使って全国各地に運ばれていた。

現在でも使われている急須の原型は常滑焼から生まれた

新潟県

駅名	物件名	価格	収益率
① 新潟	笹団子屋	1000万円	70%
	柿の種屋	1000万円	70%
	ターミナルカレー屋	1000万円	80%
	高級鮭料理屋	4億円	2%
	切り餅工場	6億円	1%
	あられおかき工場	19億円	2%
	国際会議場	80億円	1%
	大規模な展示会や式典を行う「朱鷺メッセ」にはホテルや美術館も併設されている		
	サッカースタジアム	300億円	1%
② 村上	鮭の酒びたし屋 (2)	1000万円	80%
	村上牛屋	3億円	2%
	イヨボヤ博物館	3億円	3%
	瀬波温泉郷	30億円	1%
③ 長岡	栃尾の油揚げ屋	1000万円	50%
	洋風カツ丼	1億円	5%
	豚カツを乗せたごはんに洋風ソースがかかり、丼といいながら皿に盛って出される		
	コシヒカリ水田 (3)	1億円	7%
	切り餅工場	15億円	3%
	柿の種工場	16億円	3%
	大正時代に創業し、柿の種の元祖とされる「浪速屋製菓」が長岡市にある		
	自動車部品工場	150億円	1%
④ 魚沼	コシヒカリ水田 (5)	1億円	10%
	天空米水田 (2)	2億円	15%
	大沢地区産のコシヒカリをスキーのリフトに乗せゲレンデを上下しながら天日干し		
	舞茸工場	16億円	1%
	南魚沼市には、1980年代にまいたけの人工栽培に成功した「雪国まいたけ」がある		

駅名	物件名	価格	収益率
	一夜干しするめ屋	1000万円	50%
	日本海で獲れたイカを一晩干してうまみを凝縮。お酒のつまみとして人気が高い		
⑤ 佐渡	たらい舟屋	2000万円	80%
	体を洗ったり洗濯などに使うたらいを船にしたもの。観光用としても人気が高い		
	おけさ柿園 (2)	5000万円	5%
	隠し金山パーク	8億円	8%
⑥ 湯沢	スノボゲレンデ	10億円	2%
	リゾートホテル (2)	20億円	1%
	湯沢にはスキー場や温泉へすぐにアクセスできるリゾートホテルがたくさんある		
	スキー場 (2)	180億円	1%
⑦ 上越	鱈めし屋 (2)	1000万円	80%
	錦糸玉子を敷きつめたご飯の上に、鱈の甘露煮を乗せた直江津駅の名物駅弁		
	化学工場	20億円	1%
	液晶工場	30億円	2%
	ディスプレイモニターやスマートフォンなどに使う液晶パネルを作っている		
	電子工学工場	70億円	2%
	電子工学工場では、LEDライトや携帯ゲーム機の周辺機器などを製造している		
⑧ 糸魚川	翡翠チョコ屋	1000万円	50%
	のどぐろ屋	1000万円	80%
	翡翠工場 (2)	2億円	3%
	装飾品などに用いられてきた翡翠。日本では糸魚川市の小滝川付近から産出される		
	フォッサマグナ館	10億円	1%

富山県

駅名	物件名	価格	収益率
⑨ 富山	ブラックラーメン屋 (2)	1000万円	80%
	マスの寿し屋	1000万円	100%
	発酵させず酢で味付けした桜鱒は脂が乗り、酢飯との相性が抜群		
	呉羽梨園	8000万円	10%
	白エビ老舗料亭	4億円	4%
	白えびは富山湾の宝石といわれる体長約6cmの小さなえび。刺身やからあげが美味		
	ミニ自動車工場	23億円	10%
	富山市には、個性的なデザインで知られる「光岡自動車」の本社がある		
	包装ラップ工場	40億円	1%
⑩ 高岡	コロッケカフェ	1000万円	50%
	コロッケ屋 (2)	1000万円	80%
	万葉歴史館	1億円	1%
	チューリップ園	1億円	1%
	高岡銅器工場	8億円	1%
	伝統工芸品に指定されている高岡の銅器。銅像、仏像、お寺の鐘などを製作している		
	アルミ工場	80億円	2%
	パルプ工場	188億円	2%
⑪ 射水	白海老ドッグ屋	1000万円	50%
	白海老すり身揚げ屋	1000万円	80%
	白海老バーガー	1000万円	100%
	帆船パーク	8億円	1%
	重化学工業工場	10億円	3%
	石灰窒素や合金鉄などを作る「日本重化学工業」の事業所が射水市にある		
⑫ 氷見	氷見うどん屋 (2)	1000万円	50%
	コシと粘りのある細麺はのど越しもよく、日本三大うどんの1つといわれている		
	ふくらぎ料理	3000万円	50%
	ブリの幼魚で富山県では有名な魚の1つ。関東ではイナダ、関西ではツバスと呼ぶ		
	寒ブリ料理屋 (2)	3億円	4%

新潟県は「コシヒカリ」を中心にお米の生産が盛ん

※「物件名」の後の「(2)」などの数字はゲーム内の物件数を表します。

石川県

駅名	物件名	価格	収益率
⑬ 和倉温泉	食 ひっぱり餅（2）	1000万円	25%
	食 なまこ料理屋	1000万円	50%
	腸の塩辛であるこのわたや卵巣の塩辛であるくちこ、なまこ酢などが有名		
	観 巨大日本旅館（2）	40億円	1%
⑭ 金沢	食 国道ラーメン屋	1000万円	50%
	食 セブン餃子屋	1000万円	50%
	食 金沢おでん屋	1000万円	80%
	食 チャンカレー	1000万円	80%
	食 レッツカレー	1000万円	100%
	食 五郎島芋畑	5000万円	10%
	五郎島金時は金沢で古くから栽培されているサツマイモで加賀伝統野菜の1つ		
	食 治部煮料理屋	1億円	3%
	治部煮は小麦粉をまぶした鶏肉と麩や野菜を煮込み、片栗粉でとろみを付ける郷土料理		
	観 兼六園	240億円	3%
⑮ 香林坊	食 ハントンライス屋	1000万円	80%
	ケチャップライスに薄焼き卵と白身魚フライを乗せタルタルソースをかけた名物料理		
	食 甘エビの天丼屋	5000万円	100%
	食 治部煮料理屋	1億円	4%
	商 金箔工房	2億円	4%
	江戸時代からの技を受け継ぎ、現在に至るまで日本の金箔のほとんどは金沢で生産		
	食 近江町市場	10億円	3%
	エ 回転寿司ベルト工場	20億円	5%
	回転寿司で使われるベルトコンベアのほぼ100%が石川県で作られている		
	観 今世紀美術館	100億円	1%
	観 ホテル	150億円	2%

駅名	物件名	価格	収益率
⑯ 茶屋街	食 金箔ソフト屋	1000万円	80%
	食 懐かしオムライス屋	1000万円	100%
	食 加賀棒茶屋（2）	5000万円	80%
	ほうじ茶の茎を浅く焙じ上げ、うまみを閉じ込めたもの。すっきりとして飲みやすい		
	食 お麩屋	5000万円	80%
	食 和菓子屋	1億円	3%
	食 寿司屋	3億円	10%
	観 ひがし茶屋街	150億円	3%
⑰ 小松	食 塩焼きそば屋（2）	1000万円	50%
	食 大判焼屋	1000万円	100%
	農 百万石米水田	1億円	3%
	2017年に誕生した新品種「ひゃくまん穀」は、粘りと粒感のバランスが抜群		
	商 九谷焼き物工房（2）	3億円	3%
	観 ビンテージカーの館	40億円	3%
	エ パワーシャベル工場	600億円	2%
	小松市は、建設機械や鉱山機械を製造する「小松製作所」創業の地		

福井県

駅名	物件名	価格	収益率
⑱ 福井	食 越前おろしそば屋	1000万円	70%
	食 水ようかん屋（2）	1000万円	100%
	食 ソースかつ丼屋（2）	1000万円	100%
	薄めの豚カツを、卵でとじず、濃いめのソースで味付けしてご飯に乗せた丼		
	農 ミルキー女王水田	5000万円	8%
	食 越前ガニ屋	4億円	2%
	観 恐竜博物館	92億円	5%
⑲ 鯖江	食 蟹こぼれるぞ丼屋	1億円	200%
	商 メガネ工場（4）	3億円	1%
	観 サスペンス絵葉書屋	1000万円	10%
⑳ 東尋坊	水 甘エビ漁（2）	2億円	2%
	水 越前ガニ漁（3）	5億円	3%
	観 湾内観光船	14億円	1%
	観 水族館	30億円	1%

駅名	物件名	価格	収益率
㉑ 敦賀	エ とろろこんぶ工場（2）	1億円	10%
	江戸時代、北海道から北前船で運ばれた高級昆布が敦賀湾に集まった		
	食 越前ガニ屋（2）	2億円	2%
	食 若狭フグ屋	6億円	3%
	日本最北の養殖地。雪解け水が海水を長く低温に保つことで身の締まったフグを生む		
㉒ 小浜	食 小鯛のささ漬屋（2）	1000万円	50%
	日本海で獲れたレンコダイを3枚におろして酢に漬け、樽などにつめた加工品		
	食 若狭カレイ屋（3）	1000万円	70%
	若狭湾のササカレイは香りが良く、上品な甘さ。身も細やかで食べやすい		
	食 焼きサバ寿司屋（3）	1000万円	80%

山梨県

駅名	物件名	価格	収益率
㉓ 甲府	食 鳥もつ煮屋	1000万円	80%
	農 モモ園	5000万円	8%
	農 ブドウ園	8000万円	10%
	山梨県はブドウの生産量日本一。甲府市は日照時間が長く、おいしいブドウが栽培できる		
	食 ほうとう鍋屋	1億円	10%
	食 武将餅屋	3億円	4%
	食 あわびの煮貝屋	5億円	2%
	エ 甲州ワイン工場	5億円	10%
	エ 宝石工場	20億円	2%
㉔ 富士吉田	食 吉田うどん屋（4）	1000万円	100%
	硬くコシが強い麺にだしと醤油が絡み、噛めば噛むほど口いっぱいにうまみが広がる		
	観 絶叫ランド	80億円	1%
	食 日本そば屋	1000万円	70%
	食 駅弁屋	1000万円	100%
	大正時代創業の「丸政」がさまざまな弁当を販売し、小淵沢は駅弁の聖地といわれるように		
㉕ 小淵沢	観 ペンション（2）	1億円	1%
	八ヶ岳の玄関口である小淵沢には観光客を迎えるペンションも数多く建つ		
	観 乗馬ランド	3億円	1%
	戦国時代には軍用馬を育成した馬場があり、馬の町として有名。乗馬クラブも多い		

北海道地方 東北地方 関東地方 中部地方 近畿地方 中国・四国地方 九州地方

長野県

駅名	物件名	価格	収益率
㉖千曲	食 あんず林 (5)	5000万円	10%
	3月下旬から4月上旬にいっせいに開花し、見渡す限りピンク色の景色が広がる		
	農林 くるみ林 (4)	8000万円	8%
㉗上田	食 マツタケ料理屋 (3)	1億円	100%
	工 レトルトカレー工場	120億円	5%
	上田市にはレトルトカレーやチューブわさびを製造する「エスビー食品」の工場がある		
㉘長野	食 おやき屋	1000万円	25%
	長野県の北部が発祥の郷土料理。ナスや野沢菜などを小麦粉の皮で包み焼いたもの		
	食 信州手打ちそば屋	1000万円	70%
	山がちで冷涼な気候の長野では、古くからソバの栽培が盛ん		
	農林 リンゴ園 (3)	5000万円	8%
	食 信州味噌工場	4億円	3%
	長野市には、味噌メーカーの「マルコメ」の本社工場がある		
	観 白い馬美術館	20億円	3%
	工 電気機器工場	240億円	1%
㉙小布施	観 葛飾北斎グッズ屋	1000万円	100%
	江戸時代の絵師・葛飾北斎は、晩年を小布施で過ごした		
	食 栗きんとん屋 (2)	1000万円	100%
	食 栗おこわ屋 (2)	3000万円	100%
	農林 リンゴ園	5000万円	8%
	食 朱雀の和栗屋	3億円	10%
	食 造り酒屋	5億円	4%
	酒造りが盛んな小布施には江戸時代から続く酒蔵も。酒蔵見学ツアーも行われている		

駅名	物件名	価格	収益率
㉚軽井沢	食 天然かき氷屋	1000万円	100%
	観 サイクリング屋	1000万円	200%
	食 イタリアン料理店	3000万円	50%
	農林 霧下高原野菜畑	5000万円	10%
	観 テニスクラブ (2)	4億円	1%
	観 教会結婚式場	43億円	3%
	商 アウトレットモール	80億円	2%
㉛松本	食 牛乳パン屋	1000万円	80%
	ふわふわ生地のパンにたくさんのミルククリームがサンドされたご当地パン		
	食 まめ板飴屋	1000万円	80%
	まめ板飴はもち米から作った水飴を煮つめ、落花生を混ぜて平たく延ばした板状の飴		
	食 信州手打ちそば屋	1000万円	100%
	食 栗おこわ屋	3000万円	100%
	農林 下原スイカ畑 (2)	1億円	10%
	水はけの良い火山灰の土壌で育てられたスイカ。大玉で皮の近くまで甘い		
	商 民芸家具屋 (2)	4億円	1%
㉜駒ヶ根	食 ソースかつ丼屋 (4)	3000万円	100%
	千切りキャベツを敷いたご飯の上に、ソースにくぐらせたトンカツを乗せた丼		
	食 養老酒工場	10億円	2%
㉝白馬	観 ホテル (2)	10億円	1%
	観 スキー場 (3)	80億円	1%
	白馬八方尾根スキー場は、1998年の長野オリンピックの競技会場になった		

岐阜県

駅名	物件名	価格	収益率
	食 栗おこわ屋	3000万円	100%
	食 栗きんとん屋	1億円	20%
	工 段ボール工場	1億円	10%
	製造された段ボールは、多治見の陶器の輸送用資材としても利用されている		
㉞中津川	観 夜明け前記念館	2億円	2%
	観 馬籠宿の町並み	3億円	2%
	観 妻籠宿の町並み	5億円	1%
	長野県の南木曽町に位置する中山道の宿場で、木曽路を代表する観光名所		
	工 製紙工場	10億円	1%
	工 電機メーカー	20億円	1%
㉟土岐	工 美濃焼き物工房 (3)	4億円	1%
	商 織部焼き物工房 (2)	6億円	2%
	千利休の弟子・古田織部が起し上げた焼き物の流派。食器や香炉などが作られた		
㊱高山	食 漬物ステーキ屋	1000万円	50%
	鉄板で焼いた漬物を卵で包む。まろやかな味わいでご飯やお酒との相性もばっちり		
	食 高山ラーメン屋	1000万円	50%
	食 みたらし団子屋	1000万円	80%
	食 飛騨牛握り寿司屋	1000万円	100%
	食 飛騨牛串焼き屋	1000万円	100%
	食 飛騨牛ステーキ屋 (2)	4億円	2%
	観 さんまち古い町並み	30億円	3%
㊲郡上	食 みたらし団子屋 (2)	1000万円	50%
	食 鶏ちゃん屋 (2)	1000万円	50%
	鶏肉を味噌ダレに漬け、キャベツと一緒に焼く。締めに焼きそばや麺を入れることも		
	工 食品サンプル工房 (2)	4億円	2%
	食 ハム工場	5億円	3%
	観 郡上おどり記念館	10億円	2%

軽井沢は別荘地としても人気だよ

駅名	物件名	価格	収益率
㊳ 岐阜	鮎の甘露煮屋	1000万円	25%
	鵜飼いグッズ屋	5000万円	50%
	バラ園	8000万円	5%
	岐阜県はバラの栽培が盛んで、県内のバラ園では色とりどりの花が楽しめる		
	岐阜提灯工房	2億円	1%
	岐阜の伝統工芸。竹と美濃和紙を材料に作られ、秋草や風景が描かれる		
	アパレル工場	4億円	1%

静岡県

駅名	物件名	価格	収益率
㊴ 熱海	熱海プリン屋	1000万円	50%
	アジの干物屋	1000万円	50%
	最も脂が乗った時期に獲れた真アジを絶妙な塩加減で天日に干してまろやかな味に		
	揚げワンタン屋	1000万円	50%
	冷やしわんたん屋	1000万円	100%
	金目鯛料理屋	1000万円	100%
	熱海で水揚げされる地魚の中でも特に人気が高い金目鯛。専門の料理店も多い		
	海の見えるカフェ	1億円	10%
	海岸エステホテル	40億円	4%
	国宝美術館	250億円	1%
㊵ 伊豆高原	サマーオレンジ園（3）	5000万円	10%
	万華鏡博物館	2億円	1%
	ペット博物館	2億円	1%
	機械仕掛け博物館	3億円	1%
	テディベア博物館	4億円	2%
	かわいいテディベアのぬいぐるみを展示。世界各国のアンティーク品もそろえる		
	シャボテン公園	5億円	2%
㊶ 修善寺	ミカン園（2）	5000万円	3%
	わさび田	8000万円	10%
	日本旅館（3）	20億円	1%
	花の公園	30億円	1%
	能舞台日本旅館	40億円	3%

駅名	物件名	価格	収益率
㊷ 松崎	ミカン園（2）	5000万円	3%
	桜餅の葉っぱ園（3）	5000万円	80%
	オオシマザクラの葉を塩漬けして作られ、桜餅だけでなくパンやクッキーにも使われる		
	こて絵記念館	4億円	1%
	海の若大将記念館	10億円	1%
	歌手、俳優として活躍する加山雄三の楽器や台本などが多数展示されている		
㊸ 下田	黒船グッズ屋	1000万円	50%
	1854年にペリーが黒船で来航したことを記念し、黒船祭が行われている		
	金目鯛コロッケ屋（3）	1000万円	100%
	いけんだ煮みそ鍋屋	1億円	4%
㊹ 三島	コロッケ屋（2）	1000万円	80%
	ミカン園	5000万円	3%
	うなぎ屋	1億円	10%
	うなぎ屋	3億円	20%
	医薬品工場（2）	40億円	1%
	製紙工場	200億円	1%
㊺ 富士宮	焼きそば屋（3）	1000万円	80%
	ミカン園	5000万円	3%
	酪農牧場	4億円	7%
	天然水工場	6億円	3%
	富士山山麓から湧き出す天然水はミネラルたっぷり		
	薬品工場	20億円	1%
	製紙工場	80億円	1%
	湧き水や地下水が豊富で、製紙パルプ工業に欠かせない工業用水に恵まれる		

駅名	物件名	価格	収益率
㊻ 静岡	わさび漬け屋	1000万円	50%
	静岡おでん屋	1000万円	80%
	真っ黒なだしが特徴の名物おでん。魚を骨で練り込んだ黒はんぺんなどをよく使う		
	あべ川餅屋	1000万円	100%
	柔らかくした餅に砂糖入りのきな粉をまぶす。徳川家康が命名し、東海道の名産に		
	ミカン園	5000万円	3%
	静岡茶畑（2）	8000万円	10%
	ささやかハンバーグ	3億円	10%
	プラモデル工場	10億円	2%
	「バンダイ」「ハセガワ」など日本を代表するメーカーの本社が集まっている		
㊼ 浜松	もやし餃子（2）	1000万円	100%
	浜松餃子では、円形に並べて焼いた餃子の中央に、ゆでたもやしをつけ合わせる		
	うなぎクッキー屋	1000万円	200%
	ささやかハンバーグ	3億円	10%
	ピアノ工場	10億円	3%
	バウムクーヘン屋	95億円	5%
	バイク工場	200億円	2%
	浜松市はバイクの大手メーカー「ヤマハ」「スズキ」「ホンダ」の創業の地		
	新幹線車両工場	400億円	4%

「熱海温泉」は徳川家康も愛したといわれる名湯！

浜松にある「浜名湖」ではうなぎの養殖が盛ん

愛知県

駅名	物件名	価格	収益率
㊽豊橋	食 豊橋カレーうどん屋	1000万円	50%
	器の底にご飯、とろろを入れ、その上にカレーうどんを盛りつけたもの		
	食 ちくわ屋	1000万円	50%
	農水 ブロッコリー畑	8000万円	8%
	農水 うずら養鶏場（2）	1億円	3%
	愛知県はうずらの卵の生産量日本一。豊橋市を中心にうずらの飼育が盛ん		
	商 外車販売会社	20億円	4%
	工 自動車部品工場	40億円	3%
	工 粘着テープ工場	267億円	2%
	梱包作業などに使われる粘着テープを製造する「日東電工ひまわり」の本社がある		
㊾岡崎	食 八丁味噌工場（3）	4億円	7%
	岡崎城から西に八丁（約870m）離れたところで造られたことに由来する		
	工 工業用砥石工場	28億円	1%
	岡崎では金属を切ったり削ったり、表面をなめらかに磨くために使う砥石を製造		
	工 自動車工場	80億円	1%
㊿瀬戸	食 瀬戸焼きそば（2）	1000万円	50%
	豚肉を醤油で煮た甘辛ダレを蒸し麺にからめる。ソースよりさっぱりした味になる		
	商 ノベルティ生産工房	1億円	3%
	商 瀬戸焼き物工房	3億円	5%
	陶磁器全般をさす「せともの」という言葉は、長い歴史のある瀬戸焼に由来		
	観 ジブリパーク	340億円	5%

駅名	物件名	価格	収益率
(51)豊田	食 八丁味噌焼きそば屋	1000万円	50%
	ソースの代わりに八丁味噌で味付けした焼きそば。甘辛の風味で食欲をそそる		
	食 チキンコロッケ屋	1000万円	80%
	農水 ジャンボ梨園（2）	1億円	3%
	豊田のジャンボ梨「愛宕」は世界一重い梨としてギネス世界記録に認定		
	観 自動車記念館	8億円	1%
	観 サッカースタジアム	448億円	1%
	工 自動車工場	7000億円	3%
(52)安城	食 北京飯店	1000万円	50%
	食 あんまき屋	1000万円	50%
	うすく焼いた生地であんこを巻いた和菓子で、三河地方で親しまれている		
	農水 安城梨園（2）	1億円	2%
	安城市は県内有数の梨の産地。「幸水」や「豊水」などを栽培		
	農水 いちじく畑（2）	1億円	3%
	愛知県のいちじく収穫量は全国1位。昭和初期に安城市や碧南市から栽培が始まった		
	商 薬局チェーン本社	154億円	2%
	工 電動工具工場	242億円	1%
	安城市には、電動工具の国内トップメーカー「マキタ」の本社がある		
(53)栄	食 鬼まんじゅう屋	1000万円	50%
	さつまいも、小麦粉、砂糖をこねて蒸したお菓子。家庭の味として広まった		
	食 カレー煮うどん屋	1000万円	50%
	食 コメダ珈琲店（2）	1000万円	200%
	食 みそ煮うどん屋	3000万円	50%
	食 わらびもち屋	3億円	10%
	繁華街の栄には創業300年以上の老舗の和菓子屋も店を構えている		
	商 百貨店	20億円	2%
	商 ブランド街	180億円	4%
	ブランドショップが数多く集まる栄は、名古屋の流行の発信地		

駅名	物件名	価格	収益率
(54)名古屋	食 えびせんべい屋	1000万円	80%
	新鮮なエビをていねいに焼き上げたえびせんべいは名古屋十産の定番		
	食 みそ煮うどん屋	3000万円	50%
	コク深い赤味噌のスープにこしのある麺を入れて煮込む。名古屋のソウルフード		
	食 ひつまぶし屋	1億円	7%
	観 プロ野球チーム	60億円	2%
	工 高級陶磁器工場	170億円	3%
	名古屋市には、高級陶磁器などを製造する「ノリタケカンパニーリミテド」の本社がある		
	工 兄弟ミシン	200億円	3%
	名古屋市には、ミシンやプリンターなどを製造する「ブラザー工業」の本社がある		
	工 セラミクス工場	700億円	2%
	工 ガスコンロ工場	780億円	2%
(55)名古屋港	観 観覧車パーク	9億円	4%
	観 南極観測船記念館	10億円	2%
	観 鉄道博物館	55億円	3%
	東海道新幹線など、高速鉄道技術の進歩をわかりやすく紹介		
	観 国際見本市館	150億円	3%
	「名古屋市国際展示場」では、「名古屋モーターショー」などが開催される		
	観 ブロック王国	320億円	1%
	観 巨大水族館	400億円	5%
(56)常滑	食 えびせんべい屋	1000万円	80%
	商 常滑焼工房（2）	1億円	1%
	工 タイル建材工場	10億円	2%
	常滑市には、世界のタイルが展示されているタイル専門博物館がある		
	工 トイレ工場	20億円	3%
	日本を代表するトイレメーカー「TOTO」「INAX」の工場が常滑にある		

※「物件名」の左のマークは、食食品、農水農林・水産、商商業、工工業、観観光を表します。「物件名」の後の「（2）」などの数字はゲーム内の物件数を表します。

近畿地方

かつて都が置かれていた奈良や京都には、歴史的建造物が多く残されています。琵琶湖は日本一大きな湖で、多くの人に生活用水を供給する「近畿の水がめ」といわれています。

古くから続く
伝統工業も盛んだよ

P72 京都府

P70 滋賀県

P76 兵庫県

→中部地方
(P43)

←中国・
四国地方
(P85)

P68 三重県

P74 大阪府

近畿地方の南部
には険しい紀伊
山地が連なるよ

P78 奈良県

P80 和歌山県

東尋坊　金沢
福井　小松
勝江
敦賀　郡上
舞鶴　小浜
7
長浜
城崎　35
出石　34
鳥取　11
15
福知山
8
彦根
10
大津　近江八幡
14　12　京都
姫路　32　13　祇園
三田　29　宇治
有馬　16　吹田
28　名古屋港
神戸　27　17　大阪
33　30　門真
明石　23　北浜　19
さぬき　淡路島　31　天保山　なんば　21　20
18　24　天王寺　22　奈良　36
25　堺　鶴橋
26　37　橿原
岸和田　38
五條
39　和歌山
40　御坊
42　白浜　41　新宮
名古屋
四日市
津
2
松阪
3
4
伊勢　鳥羽
1
伊賀
6
5
9

海山の幸に恵まれる「美し国」

三重県

？ どんなところ？

「お伊勢さん」として親しまれてきた伊勢神宮。天照大御神を祀る皇大神宮（内宮）は、三種の神器の1つ「八咫鏡」がご神体。伊勢エビ、松阪牛など高級食材もいっぱい。

基本データ

県庁所在地：津市　　人口：約178万人
面積：5774km²　　人口密度：308.4人／km²

ベビーラーメン工場（津駅）
食品

おやつカンパニー久居工場

「ベビースターラーメン」が小麦粉からさまざまな工程を経て完成するまでを見学できる工場。おやつカンパニーの商品を展示したコーナーもある。テーマパーク「おやつタウン」も隣接している。

見学が終わるとお土産のお楽しみ袋がもらえる

忍者屋敷（伊賀駅）
観光

伊賀流忍者博物館

忍者について学べる博物館。施設内には伊賀流忍者屋敷・忍術体験館・忍者伝承館があり、手裏剣体験や忍術ショーを楽しんだり、本物の忍者道具や資料を見たりすることができる。

忍者屋敷の仕掛けからくりの1つである刀隠し

戦国パーク（伊勢駅）
観光

ともいきの国伊勢忍者キングダム

安土桃山時代の文化を学べる「ともいきの国 伊勢忍者キングダム」では、織田信長の居城・安土城が原寸大で再現され、城下町で忍者ショーや手裏剣、弓矢体験などが楽しめる。

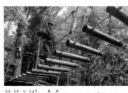

忍者衣裳に着替えてさまざまなアトラクションが楽しめる

木曽川
鈴鹿山脈
四日市市
伊勢平野
伊賀市
津市◎
伊勢湾
松阪市
伊勢市
鳥羽市
志摩半島
紀伊山地
▲大台ヶ原山
太平洋
紀伊半島

※ ■色の項目は「場所」について、■色の項目は「名産品」について解説しています。

三重県がよくわかる！場所と名産品

真珠養殖工場（鳥羽駅）

商業

世界でも高く評価される真珠

真珠

鳥羽市にあるミキモト真珠島は、1893年に御木本幸吉が世界で初めて真珠の養殖に成功したところ。島にある博物館では、真珠のできる仕組みなど、真珠の養殖にまつわるいろいろなことを学べる。

「花珠」とよばれる高品質の真珠は全体の５％ほどしか獲れない

松阪牛屋（松阪駅）

食品

「日本三大和牛」の1つ

松阪牛

松阪市やその近郊で育てられた牛で日本三大和牛の1つ。細かくサシが入った霜降りの肉質で、なめらかな口当たりが特徴。ビールを飲ませるなど独特の飼育方法が話題になった。

口の中に入れるとすぐに溶けるほど柔らかい

松尾芭蕉グッズ屋（伊賀駅）

観光

生涯を旅に生きた俳人

松尾芭蕉

江戸時代に俳人として活躍した松尾芭蕉は伊賀の生まれ。『おくのほそ道』は、江戸から奥羽、北陸をめぐって岐阜県の大垣に至るまでの、総日数約150日の旅を素材にした俳諧紀行。

『奥の細道』の旅では2400km近い距離を歩いたといわれる

おまいり横丁（伊勢駅）

観光

江戸時代の雰囲気が残る街並み

おかげ横丁

「おかげ横丁」は、伊勢神宮の内宮前にあるおはらい町の中にある。約4000坪の敷地内には江戸時代から明治時代にかけての伊勢路の建築物が移築、再現されている。

通りには飲食店や土産物屋が立ち並ぶ

北海道地方

東北地方

関東地方

中部地方

近畿地方

中国・四国地方

九州地方

琵琶湖は日本一大きな湖
滋賀県

？ どんなところ？

琵琶湖の水は水道水として近畿地方の人々の暮らしを支えている。狸の置物で知られる伝統工芸の信楽焼、塩漬けにした鮒をご飯に漬け込んで発酵させた鮒寿司などで知られる。

伊吹山▲

○長浜市

琵琶湖

比良山地

○彦根市

○近江八幡市

近江盆地

▲比叡山

鈴鹿山脈

●大津市

瀬田川

基本データ

県庁所在地：大津市	人口：約141万人
面積：4017km²	人口密度：352人／km²

瓦工場（近江八幡駅）
工業

かわらミュージアム

江戸時代から盛んに作られた八幡瓦と八幡の歴史を紹介するミュージアム。ミュージアムに使われている屋根瓦は、周囲の景観に合うように新品のものを、1枚1枚ブラシで削って古く見せている。

瓦工場の跡地に立っている

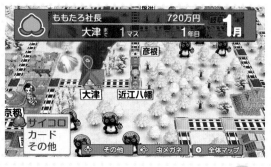

黒壁の町並み（長浜駅）
観光

黒壁スクエア

明治時代に「黒壁銀行」の愛称で市民に親しまれていた古い銀行を改装した「黒壁ガラス館」を中心に、古い町並みの中に、ガラス工房、ギャラリー、カフェなどが集まっている。

伝統とアートが入り混じった町並みがおしゃれ

※ ■色の項目は「場所」について、■色の項目は「名産品」について解説しています。

北海道地方
東北地方
関東地方
中部地方
近畿地方
中国・四国地方
九州地方

近江牛屋（近江八幡駅）

食用牛として古い歴史を持つ

近江牛

食品

400年以上の歴史を持つ滋賀県が誇るブランド牛の近江牛。滋賀県内で飼育された期間が最も長い黒毛和種が名乗ることができる。脂の溶ける温度が低く、口に入れるととろける。

江戸時代に養生薬として商品化された

フィギュア博物館（長浜駅）

観光

世界初のフィギュア専門博物館

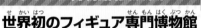

海洋堂フィギュアミュージアム黒壁

世界的フィギュアメーカーの「海洋堂」が製作した作品を展示する、世界初のフィギュア専門の博物館。アニメのキャラクターから大自然を再現したジオラマなどが並ぶ。

芸術作品のミニチュアフィギュアも展示している

仏壇工場（彦根駅）

工業

彫刻や蒔絵が施された高級仏壇

彦根仏壇

江戸時代中期が起源といわれ、武具や武器を作っていた職人が仏壇製造に転身したことが始まりとされる。仏教の盛んな彦根で異教徒ではない証拠として仏壇が普及した。

仏壇作りは彫刻や蒔絵など伝統工芸の結晶

鉄道記念館（長浜駅）

日本最古の駅舎を中心とした施設

長浜鉄道スクエア

観光

現存する日本最古の駅舎である旧長浜駅を利用した鉄道保存施設。長浜の鉄道の歴史資料や鉄道車両の実物などが展示されている。D51蒸気機関車は運転台に乗ることができる。

2020年に旧長浜駅舎が日本遺産に認定された

京都府

「千年の都」は国際的な観光都市

基本データ

府庁所在地：京都市　人口：約258万人
面積：4612km²　人口密度：560人／km²

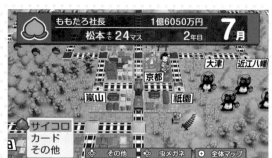

? どんなところ？

清水寺、二条城、平等院鳳凰堂など、世界遺産になっている歴史的建造物が数多くあり、国内外からたくさんの観光客が訪れる。西陣織などの伝統工芸や祇園祭など伝統文化が息づく。

丹後半島

若狭湾

丹後山地

舞鶴市

福知山市

丹波高地

京都市
京都盆地

宇治川

観光

🚉 鉄道博物館（京都駅）

京都鉄道博物館

鉄道の歴史が学べる博物館。蒸気機関車から新幹線まで実物車両53両を保存・展示している。国の重要文化財である扇形車庫には明治から昭和にかけて活躍した蒸気機関車が並ぶ。

蒸気機関車が並ぶ扇形車庫

🥢 湯豆腐料理屋（嵐山駅）

食品

湯豆腐

湯豆腐は京都の冬の名物料理。豆腐作りに欠かせない良質な地下水に恵まれるため、おいしい豆腐が作られてきた。観光客が多く訪れる嵐山には「湯豆腐」ののれんを掲げた店が軒を連ねる。

底冷えする冬の京都で冷えた体を温めてくれる

※■色の項目は「場所」について、■色の項目は「名産品」について解説しています。

北海道地方
東北地方
関東地方
中部地方
近畿地方
中国・四国地方
九州地方

ゲーム開発会社(京都駅)

工業

日本を代表するゲーム会社

任天堂

もともとは花札やトランプを作っていたが、1970年代からゲーム開発に取りかかり、「ファミリーコンピュータ」の大ヒットで世界的に有名になった。現在は「Nintendo Switch」を販売している。

マリオやポケモンなどの有名キャラも生み出した

軍港カレー屋(舞鶴駅)

食品

海上自衛隊で食べられているカレー

まいづる海自カレー

海上自衛隊の多くの部隊では、毎週金曜日にカレーを食べる習慣がある。軍港の町である舞鶴では地域の活性化のため市内の飲食店で海自カレーが食べられるプロジェクトを行っている。

海自カレーは部隊によってそれぞれ異なるレシピを採用している

あぶらとり紙屋(京都駅)

商業

皮脂を取るために用いる和紙

あぶらとり紙

もともとは、金箔を打つときに使用された箔打ち紙が皮脂を吸着させる性質を持っていたことから、これを再利用して化粧道具として使われるようになった。

古くから舞妓さんなどに使われてきた

栗のテリーヌ屋(福知山駅)

食品

長い歴史を持つ京都の名産品

丹波くり

丹波くりは『日本書紀』にも登場するほど長い歴史を持ち、丹波地方を中心に古くから栽培されてきた。大粒で甘く香りが良く、近年では栗のテリーヌが地元の新たな名物に。

大きな実は、栗おこわにしても絶品

「天下の台所」として発展

大阪府

? どんなところ?

古くから商業の中心として発展。人口は東京都、神奈川県に次ぐ多さ。江戸時代には「天下の台所」と謳われ、日本全国から食材が集まり、「食い倒れ」の街としても知られる。

基本データ

府庁所在地:大阪市	人口:約881万人
面積:1905km²	人口密度:4623.6人／km²

エキスポシティ(吹田駅) 観光

EXPOCITY

万博記念公園の隣にある複合施設で、魚やホワイトタイガー、ワオキツネザルなどが間近で見られるミュージアムや、シネコンなどのエンタメ施設、ショッピングモールなどが豊富にそろう。

実際の最寄り駅は「万博記念公園駅」(大阪モノレール)

ジンベイザメ水族館(天保山駅) 観光

海遊館

約620種、3万点の生き物がおり、なかでもジンベエザメは一番の人気者。トンネル型の水槽や世界各地の海を表した水槽など見どころがいっぱいある。

水槽の上からジンベエザメを見られるチケットも人気

あべのルルカス(天王寺駅) 商業

あべのハルカス

日本で一番高い高層ビルで、百貨店やホテル、オフィス、美術館などで構成されている。58〜60階にある展望台では地上約300mの高さから大阪・関西の景色を360度で楽しむことができる。

天王寺・阿倍野周辺からだとどこからでもその姿が見られる

吹田市
門真市
大阪市
阿倍野区
港区
大阪平野
大阪湾
堺市
岸和田市

※ ■色の項目は「場所」について、■色の項目は「名産品」について解説しています。

大阪府がよくわかる! 場所と名産品

タコ焼き屋(大阪駅) 食品

大阪のファストフードの代表

タコ焼き

大阪を代表するご当地グルメで、昭和初期に明石焼きに影響を受けて生み出された。だしをきかせた生地を鉄板に流し込み、タコなどを入れ、外はカリッと中はトロッと焼き上げる。

大阪では家庭で作ることも多い

刃物工場(堺駅) 工業

職人がつくる高品質の刃物

堺刃物

日本の刃物の三大産地の1つである堺。職人たちが一本ずつ手作りで作った「打刃物」は、その品質の高さから日本国内だけでなく海外の料理人たちからも注目を集めている。

包丁のほかに盆栽などに使われるハサミも有名

黒門市場(なんば駅) 農林・水産

大阪の食文化を支えてきた市場

黒門市場

江戸時代後期から続く市場で、鮮魚、野菜、果物など170近い店舗が軒を連ねる。食べ歩きを楽しみに、国内だけでなく海外からも観光客がたくさん訪れるようになった。

大阪の人たちの胃袋を支えてきた

経営の神様記念館(門真駅) 観光

有名電機メーカーの展示施設

パナソニックミュージアム

パナソニックの創業者である松下幸之助の生涯について展示した歴史館と、創業から100年間で作られてきた家電製品などを約550点展示した博物館という2つの施設が並ぶ。

経営の神様といわれた松下幸之助の人生を学ぶ

動物園(天王寺駅) 観光

天王寺動物園

1915年開園の歴史ある動物園

大正時代に開園し100年以上の歴史を持つ動物園。約11ヘクタールの敷地におよそ180種1000点の動物を飼育している。新世界の隣にあることから観光客の来園も多い。

ガイドウォークや学習イベントも行っている

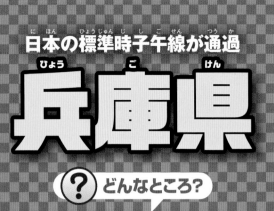

日本の標準時子午線が通過
兵庫県

❓ どんなところ？

県庁所在都市の神戸市は、神戸港を中心に国際貿易の拠点として発展。世界遺産の姫路城、文豪たちにも愛された城崎温泉、食材の宝庫である淡路島など、観光資源も豊富。

基本データ

県庁所在地：神戸市　　人口：約547万人
面積：8401km²　　人口密度：650.7人／km²

ももたろ社長　　　4100万円
高松まで 8マス　　3年目　　8月

日生　赤穂　　有馬　神戸
明石
淡路島　天保山
サイコロ
カード
その他

日本海
豊岡市○
▲氷ノ山
中国山地

姫路市○
三田市○
六甲山▲
明石市○　●神戸市
明石海峡
瀬戸内海
大阪湾
○淡路市
淡路島

城崎温泉旅館（城崎駅）　観光
城崎温泉

開湯から約1300年の歴史があり、奈良時代から人々に愛されている。7つの共同浴場をめぐる「外湯めぐり」も楽しみの1つ。

柳並木が美しい情緒あふれる温泉街

元町中華街（神戸駅）　観光
南京町

元町通から栄町通一帯に広がる中華街で日本三大チャイナタウンの1つ。中国の料理人による飲食店も多数あり、豚まんや餃子など、本場顔負けの味を気軽に食べ歩きできる。

中華様式の門や建築物が異国情緒を感じさせる

※　色の項目は「場所」について、　色の項目は「名産品」について解説しています。

兵庫県がよくわかる！ 場所と名産品

タマネギ畑（淡路島駅）
みずみずしさと甘みの強さが特徴

農林・水産

タマネギ

淡路島のタマネギは、畑に苗を植えてから収穫まで半年以上かけてじっくり育てられる。収穫後は玉ねぎ小屋につるして自然の風でゆっくり乾燥させることで、さらに甘みが増す。

生で食べてもおいしいのでサラダにぴったり

明石タコ焼き屋（明石駅）

食品

タコ焼きのルーツのグルメ

明石焼き

小麦粉、卵などをだし汁で溶き、明石名産のタコを入れてふっくらと焼き上げる。タコ焼きのルーツともいわれる。地元ではソースではなく、だし汁にひたして食べる。

明石では「たまご焼き」と呼ばれ親しまれている

焼きアナゴ寿司屋（姫路駅）

食品

天然穴子を炭火で焼いた郷土料理

焼きアナゴ

瀬戸内海で育った天然の穴子を炭火でじっくりと焼く姫路の名物料理。ふっくら、とろけるような食感が魅力で、甘辛のタレをからめればごはんがいくらでも食べられる。

店先で焼かれるアナゴの香りが食欲をそそる

カニ割烹旅館（城崎駅）

観光

厳しい基準で選別されたブランド蟹

津居山ガニ

津居山ガニは、豊岡市の津居山港で水揚げされたズワイガニのこと。漁場が近く日帰りでの操業を行っているところもあるため、抜群の鮮度のカニを味わえる。

漁師が付けた青いタグがその証

出石白磁工房（出石駅）

商業

国内でも珍しい真っ白な焼き物

出石焼

江戸時代中期、出石で大量の白磁の原石が発見されたことで磁器作りが始まる。透き通るような白さは優雅で気品にあふれ、国の伝統工芸品にも指定されている。

花などの彫刻が彫り込まれることも

北海道地方

東北地方

関東地方

中部地方

近畿地方

中国・四国地方

九州地方

法隆寺や大仏で知られる古都
奈良県

基本データ

県庁所在地：奈良市　　人口：約133万人
面積：3691㎢　　人口密度：360.4人／㎢

？ どんなところ？

平城京が置かれていた1300年ほど前は日本の政治の中心だったところ。現存する世界最古の木造建築である法隆寺、東大寺の大仏、桜の名所として知られる吉野山など、世界遺産も多数。

ならまち散歩道（奈良駅）　観光

ならまち

元興寺の旧境内を中心とした地域で、戦災を免れたことから、江戸時代〜明治時代の町家が今も多く残る。今西家書院などの歴史的な建物のほか、町家を利用したカフェなどもある。

格子戸や土塀が並ぶ光景がノスタルジーを演出

奈良市

奈良盆地

橿原市

明日香村

吉野川

五條市　吉野山▲

大台ヶ原山▲

紀伊山地

石舞台グッズ屋（橿原駅）　観光

石舞台古墳

石舞台は、明日香村にある7世紀ごろの古墳。早くから古墳を覆う盛り土が失われ、積み上げた巨石が露出した姿から石舞台と呼ばれている。巨石の総重量は約2300トン。

当時の土木技術の高さがうかがえる

※ 色の項目は「場所」について、 色の項目は「名産品」について解説しています。

奈良県がよくわかる！ 場所と名産品

北海道地方

東北地方

関東地方

中部地方

近畿地方

中国・四国地方

九州地方

富有柿園（五條駅）

大玉で果汁も多い「甘柿の王様」

富有柿

奈良県は和歌山県に次ぐ柿の生産量で、南西部の五條市などで栽培が盛んに行われている。「富有柿」は岐阜県発祥の甘柿で、柿の代表的な品種。肉厚で果肉が柔らかく、甘みが強い。

五條市ではハウスでの柿栽培も行う

牛乳スープ鍋屋（橿原駅）

鶏肉や野菜を牛乳で煮たまろやかな鍋

飛鳥鍋

鶏がらでとっただし汁に牛乳を加えて鶏肉や野菜を煮こむ「飛鳥鍋」は、この地域の郷土料理。飛鳥時代に渡来した僧侶が牛乳で鶏肉を煮込んで食べたのが始まりといわれる。

奈良県では学校給食のメニューにもなっている

シカせんべい屋（奈良駅）

天然記念物の野生のシカ

奈良公園

神の使いといわれるシカが多く生息する奈良公園には、大仏で有名な東大寺や興福寺、春日大社など世界遺産に登録されている社寺や奈良国立博物館がある。秋に行われる「鹿の角きり」は、江戸時代から受け継がれる伝統行事。

園内では約1300頭のシカがくつろぐ姿が見られる

柿の葉ずし屋（奈良駅）

柿の葉で包んだ奈良の名物ずし

柿の葉ずし

一口サイズの酢飯に塩で漬けたサバの切り身を乗せ、柿の葉で巻いた郷土料理。山里に住む人々も海の魚が食べられるようにと保存食として工夫したことから生み出された。吉野地方などではハレの日のご馳走として食べられてきた。

醤油を付けずに食べるのが伝統的な食べ方

関西屈指のマリンリゾート

和歌山県

？ どんなところ？

紀伊山地を中心に山々が広がり、温暖で雨も多いため森林に広く覆われており、「木の国」と呼ばれたほど古くから林業が発達。果樹栽培も盛んで、ミカンや梅の生産量は日本一。

基本データ

県庁所在地：和歌山市
面積：4725㎢
人口：約93万人
人口密度：195.8人／㎢

梅林（御坊駅）　農林・水産

南部梅林

日本最大級の梅林で、開花時期になると白い花が咲きほこり、一面が梅の香りに包まれる。この地域で梅の栽培が盛んになったのは江戸時代になってから。紀州田辺藩が栽培をすすめたことから広まった。

傾斜があるため動きやすい服装がおすすめ

パンダパーク（白浜駅）　観光

アドベンチャーワールド

動物園、水族館、遊園地を一度に楽しめるテーマパーク。国内では最多の7頭のジャイアントパンダのファミリーが暮らしており、中国の研究施設と協力し、繁殖の研究が行われている。

これまでに17頭のパンダの繁殖に成功している

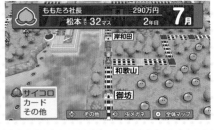

※ ■色の項目は「場所」について、■色の項目は「名産品」について解説しています。

和歌山県がよくわかる！ 場所と名産品

北海道地方
東北地方
関東地方
中部地方
近畿地方
中国・四国地方
九州地方

ミカン

ミカン園（和歌山駅）

ミカンの生産量日本一

農林・水産

和歌山県では古くからミカンの栽培が盛んで、「有田ミカン」で知られる有田地方では、その歴史は400年以上。水はけの良い山の斜面を利用した段々畑が広がり、甘みが凝縮されたおいしいミカンが栽培される。

温暖な気候と水はけの良い山々が最高のミカンを生む

せち焼き

食品

せち焼き屋（御坊駅）

卵で焼きそばを固めた御坊の名物

小麦粉は使わず、卵だけを使って焼きそばをお好み焼きのように固めた料理。「せち焼き」の名前は、御坊弁でムチャクチャにするなどの意味がある「せちがう」に由来。

お客さんのリクエストで作ったのが始まり

めはり寿司

食品

めはり寿司屋（新宮駅）

高菜の葉でごはんを巻いた郷土料理

漬物の高菜の葉でごはんを包んで握ったもの。もともとは林業などの山仕事や農作業に出る際の弁当として食べられてきたものが、新宮や熊野の郷土料理として定着していった。

あまりのおいしさに目を見張る

南紀白浜

ホテル（白浜駅）

温泉から動物園まで楽しめる

観光

海水浴、テーマパーク、温泉に新鮮な海の幸など、いろいろな楽しみ方ができる白浜は近畿地方を代表するリゾート地。西に海が広がるため、白浜のシンボルである「円月島」や、波の侵食で形成された「千畳敷」から見る夕焼けは絶景。

真っ白な砂浜「白良浜」は夏には多くの人でにぎわう

三重県

駅名	物件名	価格	収益率
① 四日市	食 とんてき屋	1000万円	50%
	分厚くカットした豚肉をニンニクと一緒に焼き、濃い味のタレで味付け		
	工 点火プラグ工場	75億円	3%
	工 食品素材工場	77億円	3%
	商 物流倉庫会社	84億円	3%
	工 板ガラス工場	100億円	3%
	工 石油精製工場（2）	200億円	2%
	四日市にある石油精製を行う工業地帯。公害問題もあったが大規模な改善が行われた		
	工 金属工場	262億円	3%
② 津	食 たこ焼きパフェ屋	1000万円	50%
	食 福引せんべい屋	1000万円	50%
	食 巨大ぎょうざ屋	1000万円	50%
	食 うなぎ屋	1000万円	50%
	食 天むす屋	1000万円	80%
	食 ベビーラーメン工場	18億円	2%
	食 肉まんあんまん工場	22億円	5%
	工 造船所	30億円	3%
③ 松阪	食 松阪牛屋（5）	8億円	3%
④ 伊勢	食 ぱんじゅう屋	1000万円	50%
	食 伊勢うどん屋（2）	1000万円	50%
	極太の麺にたまり醤油などのだしを付けて食べる。柔らかくもちもちした食感が特徴		
	食 てこね寿司屋（2）	5000万円	80%
	カツオやマグロの赤身を醤油漬けにしておけに入った酢飯の上にまぶす郷土料理		
	食 ふくふくもち屋	3億円	5%
	観 戦国パーク	10億円	1%
	観 おまいり横丁	200億円	2%
⑤ 鳥羽	農 真珠養殖工場（2）	5億円	3%
	農 黒鯛漁	7億円	4%
	農 牡蠣養殖工場（2）	8億円	5%

駅名	物件名	価格	収益率
⑥ 伊賀	食 手裏剣せんべい屋	1000万円	50%
	食 堅焼きせんべい屋	1000万円	50%
	観 松尾芭蕉グッズ屋	3000万円	10%
	商 伊賀組ひも工房	1億円	1%
	観 忍者屋敷	2億円	3%
	商 伊賀焼き物工房	4億円	2%
	食 伊賀牛屋（2）	6億円	3%

滋賀県

駅名	物件名	価格	収益率
⑦ 長浜	食 カモなべ屋（2）	1億円	2%
	観 オルゴール館	4億円	1%
	観 ガラス工房	6億円	1%
	工 まんねん灸工場	10億円	3%
	観 フィギュア博物館	20億円	4%
	観 鉄道記念館	60億円	1%
	観 黒壁の町並み	80億円	1%
	食 近江ちゃんぽん屋	1000万円	50%
	観 ひこっしーグッズ屋	1000万円	100%
	江戸時代を代表する城の1つ彦根城はマスコットキャラのひこにゃんが人気		
⑧ 彦根	商 和ローソク屋（2）	3000万円	50%
	彦根の地場産業として栄えた伝統工芸。煙や液だれが少なく掃除がしやすい		
	食 赤かぶら漬け屋	3000万円	50%
	食 塩すき焼き屋	1億円	1%
	工 仏壇工場	10億円	2%
⑨ 近江八幡	食 でっちようかん屋（2）	1000万円	50%
	食 赤コンニャク屋	1000万円	50%
	食 バウムクーヘン屋	1億円	15%
	工 瓦工場	2億円	2%
	食 近江牛屋（2）	8億円	4%
	工 製薬会社	40億円	1%

駅名	物件名	価格	収益率
⑩ 大津	食 走り餅屋（2）	1000万円	50%
	食 しじみめし屋（2）	1000万円	50%
	食 和菓子屋	1億円	2%
	工 産業用センサー工場	28億円	2%
	安全な生活に必要な防犯用センサー、車両検知センサーなどを作っている		
	工 バイオ研究所	90億円	3%
	工 液晶用ガラス工場	320億円	4%

京都府

駅名	物件名	価格	収益率
⑪ 舞鶴	食 肉じゃが屋（2）	1000万円	50%
	食 軍港カレー屋（2）	1000万円	50%
	農 万願寺トウガラシ畑	3000万円	5%
⑫ 京都	食 あぶり餅屋（2）	1億円	10%
	商 あぶらとり紙屋	5億円	10%
	観 鉄道博物館	70億円	15%
	工 ゲーム開発会社	102億円	20%
	商 女性下着会社	132億円	5%
	商 自動改札機会社	460億円	3%
	商 宅配便会社	7200億円	4%
⑬ 祇園	食 天然かき氷屋	1億円	10%
	食 老舗コーヒー店	1億円	10%
	京都市は総務省統計局の家計調査でコーヒー消費量(豆や粉末)が1位になることも		
	食 葛きり屋	2億円	10%
	食 京の米料亭	2億円	15%
	京都の老舗米屋が自利きし、全国各地の米をオリジナルの土鍋釜で食べさせてくれる		
	食 生麩屋	3億円	10%
	食 鮨割烹	3億円	15%
	食 イタリアン料理店	4億円	15%
	工 帆布工場	5億円	7%
	質の良い帆布を使ったかばん作りは100年以上の伝統を受け継いでいる		

※「物件名」の左のマークは、食食品、農農林・水産、商商業、工工業、観観光を表します。「物件名」の後の「（2）」などの数字はゲーム内の物件数を表します。

駅名	物件名	価格	収益率
⑭嵐山	湯豆腐料理屋（2）	1億円	3%
	高級料亭（2）	5億円	10%
	料亭億兆	60億円	7%
⑮福知山	音頭せんべい屋	1000万円	50%
	ブドウ園	5000万円	5%
	タケノコ林（2）	8000万円	5%
	栗のテリーヌ屋	2億円	10%
	痔の薬品工場	50億円	10%
	磁気テープ工場	60億円	3%
	ビタミン剤工場	100億円	7%

大阪府

駅名	物件名	価格	収益率
⑯吹田	紅葉の天ぷら屋	1000万円	80%
	くずきり工場	2億円	3%
	てっぺん化粧品工場	6億円	2%
	即席めん工場	60億円	7%
	エキスポシティ	80億円	1%
	ビール工場	100億円	4%
	ぞうきん工場	120億円	2%
	目薬メーカー	150億円	4%
⑰大阪	タコ焼き屋（2）	1000万円	50%
	イカ焼き屋	1000万円	100%
	帰ってきた宮田麺児	1000万円	200%
	はりはり鍋屋	1億円	3%

クジラ肉と水菜などを入れて煮込む鍋。牛肉が高価だった時代によく食べられていた

駅名	物件名	価格	収益率
	お笑い興業	40億円	10%
	消防車工場	50億円	2%
	プロ野球チーム	80億円	5%
⑱天保山	ロック・カフェ	2億円	3%
	大観覧車	40億円	3%
	アウトレットモール	100億円	4%
	ジンベイザメ水族館	600億円	10%
	映画ランドジャパン	3500億円	1%

駅名	物件名	価格	収益率
⑲門真	クワイ畑（2）	1億円	4%
	自動車部品工場	6億円	3%
	経営の神様記念館	24億円	8%
	マホービン工場	40億円	3%
	ジェネリック薬品	47億円	4%
	電池充電器工場	80億円	3%
	ポニョソニック電機	4000億円	10%
⑳京橋	フランクフルト屋	1000万円	80%
	つかみ寿司屋	1億円	10%
	お笑い劇場	4億円	10%
	テレビ局	10億円	7%
	テレビ局	100億円	10%
	あったらいいな製薬	35億円	6%
	アルバム製作会社	66億円	4%
	シノノギ製薬	200億円	4%
	紡績工場	220億円	1%

駅名	物件名	価格	収益率
㉑北浜			

綿花の産地・大阪は紡績業が発展し、天満などで紡績会社が創業。繊維工業が発達した

駅名	物件名	価格	収益率
	繊維メーカー	240億円	1%
	スタミナ製薬	500億円	2%
	医療品製薬	550億円	3%
	ビタミンA製薬	1500億円	6%
㉒鶴橋	チジミ屋	1000万円	50%
	トッポギ屋	1000万円	50%
	韓国キムチ屋	1000万円	100%
	韓国焼き肉屋（2）	3000万円	80%

韓国から日本にやってきた人が多い鶴橋では駅周辺に焼肉屋が密集している

駅名	物件名	価格	収益率
㉓なんば	セイロンライス屋	1000万円	50%
	タコ焼き屋	1000万円	100%
	豚まん屋	1000万円	100%
	お笑い劇場	5億円	15%
	黒門市場	16億円	6%
	お笑い興業	50億円	10%

吉本芸人によるお笑いライブが楽しめる劇場は、大阪の観光地としても有名

駅名	物件名	価格	収益率
	日本橋電気街	100億円	3%

第二次世界大戦後にラジオのパーツを売る店が現れ徐々に家電量販店が増えた

駅名	物件名	価格	収益率
	老舗デパート	560億円	4%
㉔天王寺	将棋場（2）	1000万円	50%
	シチューうどん屋	1000万円	50%
	串かつ屋	1000万円	80%

ひと口サイズの肉や野菜を串に刺し揚げたもの。新世界にはたくさんの串カツ屋がある

駅名	物件名	価格	収益率
	ヨーグルトケーキ屋	1000万円	100%
	動物園	40億円	1%
	仰天閣タワー	80億円	2%
	あべのルルカス	1300億円	2%
㉕堺	かすうどん屋（2）	1000万円	50%
	くるみ餅屋	1000万円	100%
	うどんすき屋本店	1億円	80%
	刃物工場	2億円	3%
	クラッカー菓子工場	2億円	7%
	回転寿司チェーン	20億円	7%
	引越センター	37億円	7%
	だんじりグッズ屋	1000万円	100%

毎年、秋祭りでは、各町の青年団が曳くたくさんのだんじりが街をにぎやかにする

駅名	物件名	価格	収益率
㉖岸和田	タマネギ畑	3000万円	5%
	水なす畑（2）	5000万円	10%

泉州の水なすは生でも食べられるほど瑞々しく、漬物もギフトとして人気が高い

駅名	物件名	価格	収益率
	顕微鏡ガラス工場	20億円	2%

鶴橋には関西屈指のコリアンタウンがあるよ

兵庫県

駅名	物件名	価格	収益率
27 神戸	食 味噌だれギョーザ屋	1000万円	100%
	食 あん食トースト屋	1000万円	100%
	食 フランスパン屋	1億円	2%
	食 ステーキハウス	10億円	2%
	工 ベルト工場	80億円	2%
	工 スポーツ靴工場	270億円	2%
	長田区はゴム工場が多かったことから靴の生産が盛ん。メーカーの研究所もある		
	食 缶コーヒー工場	280億円	4%
	缶コーヒーなどの製造で知られる「UCC上島珈琲」本社がポートアイランドにある		
	観 元町中華街	300億円	3%
28 有馬	食 炭酸せんべい屋 (2)	1000万円	50%
	有馬温泉に湧く炭酸泉を使ったせんべい。炭酸の効果で軽い食感を生み出す		
	観 日本旅館 (2)	10億円	4%
	観 老舗日本旅館	50億円	8%
29 三田	食 すきやきパン屋	1000万円	50%
	食 丹波栗屋 (2)	1億円	2%
	丹波・篠山で栽培されている栗の品種。大きく柔らかな実は甘みもたっぷり		
	食 三田牛ステーキ屋	3億円	3%
	食 丹波松茸屋	5億円	7%
30 明石	食 明石タコ焼き屋 (4)	1000万円	70%
	農 海鮮市場	6億円	2%
	商 吹き戻し屋	500万円	100%
	農 タマネギ畑 (2)	5000万円	8%
31 淡路島	工 お香工場	1億円	2%
	兵庫県は線香の生産量が日本一で、淡路島は全国シェアの約7割を製造している		
	工 淡路瓦工場	3億円	1%

駅名	物件名	価格	収益率
	食 どろ焼き屋	1000万円	50%
	だしを含んだ生地にネギやすじ肉を入れてオムレツのように焼くご当地グルメ		
32 姫路	食 焼きアナゴ寿司屋 (2)	1000万円	70%
	商 幼児服チェーン本店	25億円	2%
	工 石油工場	80億円	1%
	工 化学工場	100億円	1%
	工 製鉄所	200億円	1%
	工 液晶パネル工場	3000億円	3%
33 赤穂	食 塩まんじゅう屋	1000万円	50%
	観 忠臣蔵グッズ屋	1000万円	100%
	「忠臣蔵」は、赤穂浪士の47人が行った主君の仇討ちを描いた人形浄瑠璃や歌舞伎		
	農 布海苔養殖場	3億円	1%
	食 製塩工場 (3)	7億円	3%
	赤穂は江戸時代には日本第一の塩といわれるほど、塩造りで知られたところ		
34 出石	食 卵かけごはん屋	500万円	200%
	食 露店トマト屋	1000万円	70%
	食 皿そば屋 (4)	1000万円	100%
	小皿に分けたそばを徳利に入れだしで食べる郷土料理。小皿5枚で1人前		
	商 出石白磁工房 (2)	1億円	1%
35 城崎	商 麦わら細工屋	1000万円	50%
	工 醤油工房	3億円	3%
	食 但馬牛屋 (2)	4億円	4%
	観 水族館	7億円	2%
	食 間人蟹料理屋	8億円	10%
	観 城崎温泉旅館	10億円	3%
	観 カニ割烹旅館	20億円	7%

奈良県

駅名	物件名	価格	収益率
36 奈良	食 シカせんべい屋	1000万円	25%
	観 せんとくんグッズ屋	1000万円	50%
	食 巾着きつねうどん屋	1000万円	50%
	食 柿の葉ずし屋 (2)	1000万円	70%
	観 日本旅館 (2)	3億円	3%
	観 ならまち散歩道	79億円	3%

駅名	物件名	価格	収益率
37 橿原	食 柿の葉寿司屋	1000万円	50%
	観 石舞台グッズ屋	1000万円	50%
	食 牛乳スープ鍋屋	1000万円	100%
	農 富有柿園 (2)	1億円	10%
38 五條	食 柿の葉寿司屋 (2)	1000万円	80%
	農 富有柿園 (2)	3億円	10%
	食 柿ワイン工場	5億円	4%
	熟した後に長持ちしない柿を、より長く楽しむために五條市で柿ワインが生まれた		

和歌山県

駅名	物件名	価格	収益率
39 和歌山	食 和歌山ラーメン屋	1000万円	80%
	農 ミカン園 (4)	5000万円	8%
	農 富有柿園	5000万円	10%
	農 梅干し林 (2)	1億円	10%
40 御坊	食 せち焼き屋	1000万円	50%
	食 ジャンボかまぼこ屋	1000万円	50%
	農 ピーマン畑	3000万円	5%
	農 ミカン園 (2)	5000万円	8%
	農 梅林 (2)	8000万円	5%
	工 麻雀牌工場	10億円	1%
41 新宮	食 さんま寿司屋 (2)	1000万円	50%
	食 めはり寿司屋	1000万円	70%
	農 ミカン園	5000万円	8%
	農 ヨシノスギ林 (3)	1億円	4%
	農 木材集積所	3億円	2%
	農 レタス栽培	3000万円	5%
	温暖な気候により大玉で甘くシャキシャキ食感のレタスが育つ。サラダに最適		
42 白浜	農 ミカン園 (2)	5000万円	8%
	観 日本旅館 (2)	10億円	1%
	観 パンダパーク	15億円	3%
	観 ホテル	20億円	1%
	観 ゴルフ場	30億円	2%

※「物件名」の左のマークは、食食品、農農林・水産、商商業、工工業、観観光を表します。「物件名」の後の「(2)」などの数字はゲーム内の物件数を表します。

中国・四国地方

中国地方は中央を走る中国山地を境に、北側の山陰と南側の山陽に分かれます。四国地方はかつての讃岐、伊予、阿波、土佐と文字通り「四」つの「国」からなるところです。

本州と四国を結ぶ「瀬戸大橋」があるよ

P88 島根県

P86 鳥取県

P94 山口県

→近畿地方（P67）

P90 岡山県

←九州地方（P107）

P92 広島県

P98 香川県

P100 愛媛県

P102 高知県

P96 徳島県

香川県は日本で最も面積の小さい県

砂と風が作り上げた鳥取砂丘

鳥取県
（とっとりけん）

県庁所在地：**鳥取市**	人口：**約56万人**
面積：**3507k㎡**	人口密度：**158.4人／k㎡**

❓ どんなところ?

鳥取砂丘は日本海から打ち上げられた砂が風で運ばれてできたもので、美しい景観が観光客を魅了する。カニなど海の幸も豊富で、日本一人口が少ない県でも魅力はいっぱい。

二十世紀梨園（鳥取駅）
農林・水産

二十世紀梨

二十世紀梨は鳥取県で盛んに栽培されている品種で、黄緑色の果実にはほどよく酸味のきいた果汁がたっぷりつまっている。千葉県で発見された品種だが、明治時代には鳥取県に導入され、栽培が広まった。

おもに関西方面に出荷される

妖怪ロード（境港駅）
観光

水木しげるロード

境港駅から「水木しげる記念館」までの約800mの道のりの「水木しげるロード」には、「鬼太郎」や「目玉おやじ」など177体の妖怪のブロンズ像が設置されている。

境港市は『ゲゲゲの鬼太郎』の作者・水木しげるの出身地

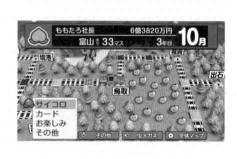

境港市　鳥取市　鳥取平野　日本海
倉吉平野　倉吉市
米子平野　千代川
中海
大山　蒜山　中国山地　氷ノ山

※ ▓色の項目は「場所」について、▓色の項目は「名産品」について解説しています。

鳥取県がよくわかる！ 場所と名産品

北海道地方

東北地方

関東地方

中部地方

近畿地方

中国・四国地方

九州地方

紅ズワイガニ
日本海の深海からの恵み

紅ズワイガニ漁船団（境港駅）

農林・水産

境港は紅ズワイガニの水揚げが盛んで、9月から翌年6月まで、水深800m以深の海域で操業が行われる。文字通り鮮やかな紅色をしていて、身がむき身や加工食品に使われるだけでなく、殻は医薬品や健康食品などに利用される。

ズワイガニよりリーズナブルな価格で食べられる

砂丘らっきょう
白さと歯ざわりの良さが特徴

ラッキョウ畑（鳥取駅）

農林・水産

鳥取県のらっきょう栽培は江戸時代から行われているが、これは参勤交代の際、付き人が江戸から、らっきょうを持ち帰ったことがきっかけといわれる。栄養分に乏しい砂丘でもしっかり育つことから、第二次世界大戦後に広く栽培されるようになった。

秋には薄紫色のらっきょうの花が咲きほこる

ののこめし屋（境港駅）

食品

いなり寿司のような炊き込みご飯

ののこめし

油揚げの中に米とニンジンやシイタケなどをつめ、だし汁で炊き上げた境港の郷土料理。大きないなり寿司のようで、炊き込みご飯のような甘辛いうまみが口の中で広がる。

「いただき」とも呼ばれ学校給食でも出される

ナガイモ畑（鳥取駅）

農林・水産

全国にファンが多いブランド芋

ナガイモ

砂丘で栽培されたナガイモは鳥取の名産品。適度なねばりであっさりした「砂丘ながいも」と、粘りが強く甘みとコクが際立つ「ねばりっこ」などの品種を栽培している。

トレンチャーという地面を掘る機械で収穫する

ロマンあふれる神話のふるさと

島根県

？ どんなところ？

縁結びの神さまで知られる出雲大社は、旧暦の10月には全国の神さまが集まるといわれる。世界遺産の石見銀山、江戸時代の天守をもつ松江城など、見どころがたくさんある。

基本データ

県庁所在地：松江市		人口：約67万人	
面積：6708km²		人口密度：100.5人／km²	

銀山の町並み（石見銀山駅）

大森地区の町並み

世界遺産に登録された石見銀山。これに隣接する大森地区には、江戸時代の代官所の跡や武家屋敷、石見銀山で栄えた商家など、当時の面影を感じられる町並みが観光客をひきつける。

最盛期は世界の銀産出量の3分の1を占めたといわれる

武家屋敷（津和野駅）

多胡家表門

津和野藩の筆頭家老を務めてきた多胡家の表門。城下町として発展した津和野は、武家屋敷や掘割（水路）などの風情ある風景が残り、「山陰の小京都」と呼ばれている。

武家屋敷門には門番詰所や物見部屋が残る

※ ■色の項目は「場所」について、■色の項目は「名産品」について解説しています。

北海道地方

東北地方

関東地方

中部地方

近畿地方

中国・四国地方

九州地方

出雲そば屋（出雲駅） 食品

麺の色が黒っぽいのが特徴

出雲そば

出雲そばは、殻がついたままのそばの実をそのまま挽く「挽きぐるみ」と呼ばれる方法で作られるため、見た目が黒っぽくなるが、栄養価が高く、香り高いそばとなる。

食べ方は冷たい割子そばと温かい釜揚げそば

しじみ料理屋（松江駅） 食品

海水と淡水が混ざる宍道湖の恵み

シジミ

宍道湖は淡水と海水が混ざり合った汽水湖で、淡水魚と海水魚がともに漁獲される。シジミ漁が盛んに行われており、大粒で身がふっくらしている宍道湖のヤマトシジミは絶品。

宍道湖はラムサール条約にも登録されている

明治の文豪記念館（津和野駅） 観光

文豪・森鷗外のルーツをたどる

森鷗外記念館

文豪の森鷗外が幼少期を過ごした津和野に造られた記念館。貴重な直筆原稿をはじめとする豊富な史料で、文学者と軍医という2つの顔を持った生涯を紹介している。

記念館に隣接して森鷗外旧宅が残る

 どじょうすくい教室（安来駅） 商業

どじょうすくい踊り

ひょうきんなしぐさの踊りに爆笑

島根県の民謡「安来節」のリズムに乗せて、ひょうきんなしぐさで踊るどじょうすくい踊り。安来の若者たちがどじょうをとりに行った後に開いた酒盛りで、どじょうをすくう動きを面白おかしく踊ったことが始まりといわれる。

滑稽な「男踊り」と優美な「女踊り」がある

「桃太郎伝説」の生まれた町

岡山県

❓ どんなところ？

降水量が少ない「晴れの国」の岡山県は、白桃やマスカットなどの果樹栽培が盛ん。瀬戸内海に面した倉敷市水島には石油化学コンビナートが形成され、重化学工業が発達している。

基本データ

県庁所在地：岡山市	人口：約189万人
面積：7114㎢	人口密度：265.6人／㎢

白桃園（岡山駅）

農林・水産

白桃

岡山県で広く栽培されているのが白桃。明治時代に白桃が品種改良によって誕生し、本格的に栽培が始まった。一玉ごとに丁寧に袋をかけ、直射日光を当てずに栽培されるため、皮が薄く、美しい白色となる。

とろけるような果肉で酸味は少ない

美術館（倉敷駅）

観光

大原美術館

実業家の大原孫三郎が設立した日本で最初の西洋美術を中心とした私立美術館。モネ、ゴーギャンからピカソまで名作がそろい、絵との距離が近く、間近で眺めることができる。

現在は西洋美術だけでなく、さまざまなコレクションがそろう

※ ▇色の項目は「場所」について、▇色の項目は「名産品」について解説しています。

岡山県がよくわかる！場所と名産品

桃太郎ランド（岡山駅）　観光

誰もが知っているおとぎ話の1つ

桃太郎

日本でよく知られている昔話の1つ「桃太郎」。岡山では、吉備津彦命が温羅と呼ばれた鬼を退治したという伝説があり、これが昔話の原型になったとされている。

桃太郎をモチーフにした作品は数多くある

蒜山焼そば屋（蒜山駅）　食品

蒜山高原が生んだB級グルメ

ひるぜん焼そば

岡山県真庭市のご当地グルメとして有名なひるぜん焼そば。具材は鶏肉、蒜山高原のキャベツ、そして味噌ベースの甘辛いタレを使うのが決まりで、一度食べたらクセになる味だ。

ひるぜん焼そばのタレはお土産として人気

ままかり寿し屋（岡山駅）　食品

おいしすぎでご飯が足りないほど

ままかり寿司

サッパという魚が一匹そのまま乗った姿寿司で、あまりのおいしさから家のご飯を食べきって、隣の家から「まま（飯）」を借りないといけない、ということで名付けられた。

ままかり（サッパ）の旬は9〜11月

ジーンズ工場（倉敷駅）　商業

繊維の街として発展した児島

児島デニム

倉敷市の児島地区は「国産ジーンズの発祥地」。もともと稲作に不向きな土地で、古くから米の代わりに木綿が栽培されてきたことで、繊維の街として発展してきた。地元ジーンズメーカーが集まる「児島ジーンズストリート」には多くの観光客が訪れる。

デニム製の小物雑貨などジーンズ以外も製作

北海道地方

東北地方

関東地方

中部地方

近畿地方

中国・四国地方

九州地方

広島市は中国地方の中心都市

広島県

? どんなところ？

瀬戸内工業地域の中心で自動車、鉄鋼、造船などの工業が盛ん。原子爆弾が投下された広島市には、被爆資料や被爆者の証言などを通して核の恐怖を伝える平和記念資料館がある。

基本データ

県庁所在地：広島市 ｜ 人口：約280万人
面積：8480km ｜ 人口密度：330.7人／km

中国山地

太田川

福山市。

広島平野

広島市

尾道市。

広島湾

宮島

呉市

瀬戸内海

ももたろ社長　　290万円
松本 47マス　　2年目　　9月

湯田温泉　　宮島　広島　尾道

福井

サイコロ
カード
その他　　岩国　呉

戦艦大和記念館（呉駅）　観光

大和ミュージアム

呉の歴史や造船・製鋼など科学技術を紹介する博物館。館内には、戦艦「大和」を10分の1スケールで再現した巨大模型の展示や、零式艦上戦闘機六二型などの実物資料も豊富。

呉は当時軍需品を製造する工場で栄えた軍港

平和を願う美術館（生口島駅）　観光

平山郁夫美術館

生口島出身で、現代日本を代表する日本画家・平山郁夫の子ども時代の作品から代表作まで展示する「平山郁夫美術館」。世界遺産やシルクロードの作品を紹介している。

平山郁夫は、「仏教伝来」をはじめ、平和を願う作品を多く描いた

※ □色の項目は「場所」について、■色の項目は「名産品」について解説しています。

広島県がよくわかる！ 場所と名産品

北海道地方
東北地方
関東地方
中部地方
近畿地方
中国・四国地方
九州地方

レモン
生口島は国産レモンの産地
レモン園（生口島駅）
農林・水産

広島県はレモンの生産量が日本一で、年間通して出荷される。生口島は広島県と愛媛県を結ぶ「しまなみ海道」のほぼ中央に位置する島。山がちで平野に乏しいため、日当たりの良い斜面を利用して、レモンなどの柑橘類を栽培している。

防腐剤などを使わないので、皮ごと食べられる

広島風お好み焼き
広島を代表するソウルフード
広島風お好み焼き屋（広島駅）
食品

生地と具材を混ぜてから焼く関西風のお好み焼きとは異なり、小麦粉で作った生地を鉄板に円形にのばし、その上にキャベツ、もやし、豚肉、卵などの具材を重ねて焼いていく。中に入れる麺は、そば（中華麺）かうどんかを選ぶことができる。

地元では「広島風」とは付けないのが一般的

いろは丸博物館（鞆の浦駅）
観光
日本の転換期に関わった船を紹介
いろは丸展示館

いろは丸とは坂本龍馬の海援隊が伊予大洲藩から借りた蒸気船。「いろは丸展示館」では、いろは丸が衝突によって沈没した事件の遺留品、調査風景の写真などが展示されている。

龍馬の隠れ部屋を再現したコーナーもある

製鉄所（福山駅）
工業
世界最大規模の製鉄所がある
JFEスチール株式会社 西日本製鉄所

福山市には日本一の粗鋼生産量を誇るJFEスチールの製鉄所がある。ここでは鉄鉱石から鉄を取り出し、自動車や家電に使われる鋼板や、鉄道用のレールなどを製造している。

海に面しており、原料は海外から輸入される

維新の志士を多数輩出

山口県
やまぐちけん

? どんなところ?

明治維新で活躍した人物を数多く輩出した山口県には、松下村塾など明治維新に関連する史跡が数多く残る。岩国市の錦川に架かる錦帯橋は、5連のアーチ構造が美しい木造橋。

基本データ

県庁所在地：山口市　人口：約136万人
面積：6113k㎡　人口密度：222.2人／k㎡

錦帯橋グッズ屋（岩国駅）　観光

錦帯橋
きんたいきょう

錦帯橋は日本を代表する木造橋。釘を使わず木組みで造られており、下から橋を見上げると、たくさんの木が寸分の違いもなく組まれているのがわかる。

橋の長さは193.3m、幅は5mで、歩いて渡ることができる

日本海

萩市

秋吉台

中国山地

●山口市

岩国市○

下関市　宇部市

関門海峡　瀬戸内海

周防大島

明治維新博物館（萩駅）　観光

萩博物館
はぎはくぶつかん

「萩博物館」は吉田松陰や高杉晋作などの明治維新に関連した実物資料が展示されているほか、萩の自然や文化も紹介されており、萩の歴史や文化が学べる施設となっている。

瓦屋根や木材を多く用いた武家屋敷風の外観

ザビエル記念堂（山口駅）　観光

山口サビエル記念聖堂
やまぐちサビエルきねんせいどう

日本にキリスト教を伝えた宣教師のフランシスコ・ザビエルが、はじめて山口を訪れてから400年になることを記念して、1952年に建てられた教会。聖堂内部にはたくさんのステンドグラスが施されている。

山口市では「ザ」ビエルではなく「サ」ビエルと呼ぶ

※ ■色の項目は「場所」について、■色の項目は「名産品」について解説しています。

山口県がよくわかる！ 場所と名産品

天折の詩人記念館（湯田温泉駅）観光

詩人・中原中也の世界観に触れる

中原中也記念館

生前は世間から評価を得ることはなく、わずか30年という短い生涯を終えた詩人・中原中也の生家跡に建つ文学館。自筆原稿や遺品など、貴重な資料を通して詩の世界を紹介。

記念館の建物は公共建築百選に選ばれている

金魚ちょうちん屋（柳井駅）観光

柳井を代表する愛らしい民芸品

金魚ちょうちん

金魚ねぶたをヒントに作られた柳井の郷土民芸品の金魚ちょうちん。竹で組んだ骨組みに和紙を貼って、赤と黒の染料で色付けして作られる。お土産などにも人気が高い。

夏には金魚ちょうちん祭りが開かれる

フグ料理屋（下関駅）食品

日本唯一のフグ専門市場がある

フグ

下関市ではフグのことを、幸福につながることから「ふく」と呼ぶ。1888年に初代内閣総理大臣の伊藤博文により山口県でフグ食が解禁されると、多数のフグ料理店ができた。

極薄に切った刺身を皿に美しく盛り付けたふく刺しは絶品

白壁の町並み（柳井駅）観光

江戸の面影を残した町並み

白壁の町並み

瀬戸内海の商港として栄えてきた柳井市。「白壁の町並み」では、約200mにわたる通りの両側に江戸時代の商家などが立ち並び、国の重要伝統的建造物群保存地区に選定されており、当時の豪商の暮らしぶりを垣間見ることができる。

火災や強盗を防ぐ家作りの工夫も見られる

北海道地方

東北地方

関東地方

中部地方

近畿地方

中国・四国地方

九州地方

95

伝統芸能「阿波おどり」が有名

徳島県

❓ どんなところ？

400年以上の歴史を持つ「阿波おどり」、鳴門の渦潮などで知られる徳島県。渦潮は、満潮時と干潮時の前後1時間半が見ごろで、最大直径が20mに及ぶものもある。

📖 基本データ

県庁所在地：徳島市	人口：約73万人
面積：4147㎢	人口密度：175.6人／㎢

阿波おどり記念館（徳島駅） 観光

阿波おどり会館

400年以上の歴史がある徳島の阿波おどり。この保存と伝承を目的に造られた「阿波おどり会館」は、阿波おどりの実演など年間を通じて楽しめ、歴史や文化を学ぶことができる。

阿波おどりは徳島が世界に誇る伝統芸能

すだち園（徳島駅） 農林・水産

すだち

スダチは酸味が強く香り豊かな「香酸柑橘」の1つ。濃緑色のピンポン玉くらいの大きさで、そのほとんどが徳島で生産され、マツタケ、サンマなどの焼き魚などに添えられる。

全国の生産量のほとんどを徳島県が占める

※ ■色の項目は「場所」について、■色の項目は「名産品」について解説しています。

北海道地方
東北地方
関東地方
中部地方
近畿地方
中国・四国地方
九州地方

鳴門金時畑（鳴門駅）

温暖な気候と海のミネラルの恩恵

なると金時

農林・水産

徳島県のブランドさつまいも「なると金時」は、温暖で雨の少ない鳴門市や板野郡で栽培されている。海水に含まれるミネラルたっぷりの砂地の畑が、鮮やかな赤紅色でホクホクした食感のおいしいサツマイモを作り上げる。

焼きいもにすると濃厚な甘さを楽しめる

国際陶板美術館（鳴門駅）

日本にいながら世界旅行気分

大塚国際美術館

観光

世界26カ国の美術館が所蔵する西洋名画約1000点を、許可を得て取得した原画写真を使い、特殊技術で陶器の板「陶板」に原寸大で再現・展示する「大塚国際美術館」。ただ平面にコピーされた作品ではなく、画家の筆遣いを再現したものもある。

写真は自玉の展示室「システィーナ・ホール」

鳴門わかめ屋（鳴門駅）

食品

歯ごたえは鳴門の渦潮のたまもの

鳴門わかめ

鳴門は三陸地方に次ぐわかめの産地。渦潮を生み出す激しい流れで育った鳴門わかめはしっかりした歯ごたえが特徴で、春に収穫されると、さまざまな商品に加工される。

2〜3月頃に採れる「新わかめ」は特に美味

カップめん工場（徳島駅）

食品

飽きのこないさっぱりしょうゆ味

金ちゃんヌードル

徳島製粉から発売されているカップ式のインスタントラーメン「金ちゃんヌードル」は、コシがあり強く歯切れのある食感の麺が特徴。西日本を中心に長く愛されている。

中国・四国地方をはじめ、沖縄でも人気の商品

日本一面積が小さい「うどん県」
香川県

？ どんなところ？

讃岐うどんでおなじみの「うどん県」。降水量の少ない瀬戸内気候で、水不足に備えて古くからため池がたくさん造られてきた。小豆島は日本のオリーブ栽培発祥の地。

〒 基本データ

県庁所在地：高松市　　人口：約96万人
面積：1877km²　　人口密度：509.6人／km²

さぬきうどん屋（さぬき駅） 食品
讃岐うどん

香川県のソウルフード「讃岐うどん」。強いコシがある麺は、小麦粉に塩と水を加えてこね、それを丸くまとめてから足で踏む作業を繰り返すことで作られる。イリコ（煮干し）でとっただしとの相性も抜群。

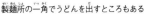

製麺所の一角でうどんを出すところもある

平賀源内記念館（さぬき駅） 観光
平賀源内記念館

江戸時代に活躍した学者であり発明家としても知られる平賀源内の記念館。江戸時代中期に作られた「エレキテル」などの発明品や著作が多数展示されている。

「エレキテル」は摩擦を使って静電気を発生させる装置

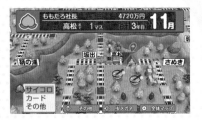

小豆島

瀬戸内海

高松市

坂出市　さぬき市

讃岐平野

満濃池

讃岐山脈

※ ■色の項目は「場所」について、■色の項目は「名産品」について解説しています。

香川県がよくわかる! 場所と名産品

東北地方
関東地方
中部地方
近畿地方
中国・四国地方
九州地方

骨付き鳥屋（高松駅）

うどんに並ぶ香川のご当地グルメ

骨付き鳥

丸亀のご当地グルメとして注目されている骨付き鳥。塩コショウと特製スパイスで漬けた鶏肉は、焼けばジューシーな味わいに。濃い味付けでビールのつまみに最適だ。

しっかりした歯ごたえの「親どり（おや）」と、ふっくら柔らかい「若どり（わか）」がある

和三盆工場（さぬき駅）

あたたかい甘みで独特の味を表現

和三盆

香川県では江戸時代中期以降、砂糖の製造が行われてきた。温暖で雨の少ない香川県で育ったサトウキビから作られた和三盆糖は、上品な甘みで、高級和菓子などに使われてきた。

和三盆の干菓子は、お茶うけに最適

しょうゆ豆屋（高松駅）

讃岐の食卓に欠かせない一品

しょうゆ豆

干したソラマメを素焼きの瓦の上でじっくり炒って、醤油に砂糖や唐辛子などを加えて味付けした調味液に漬けて作られる。しっかりした歯ごたえがある讃岐の郷土料理。

煮豆のように見えるが、その歯ごたえに驚く

ぴっぴ飯屋（坂出駅）

残さない工夫が生んだご当地食

ぴっぴ飯

坂出市のご当地グルメであるぴっぴ飯は、ご飯に刻んだうどんやたくあんを混ぜて炒めた焼き飯。「ぴっぴ」とは香川で使われているうどんの幼児語で、うどん玉が余ったときに、冷蔵庫の残りものとごはんを加えて作ったのが始まりとされる。

味付けにはうどんだしを使うのがコツ

日本最古といわれる道後温泉
愛媛県

？ どんなところ？

温州ミカンや伊予かんなど、柑橘類の栽培が盛ん。松山市は夏目漱石の『坊っちゃん』の舞台となったところ。松山城や道後温泉などの観光スポットもたくさんある。

基本データ

県庁所在地：松山市	人口：約134万人
面積：5676㎢	人口密度：235.9人／㎢

道後温泉郷（道後駅） 観光
道後温泉

兵庫の有馬温泉、和歌山の白浜温泉と並ぶ日本三古湯の1つに数えられる道後温泉。1894年に建築された道後温泉本館をはじめ、レトロな温泉街の町並みは人気が高い。

本館は国の重要文化財に指定されている

正岡子規グッズ屋（松山駅） 観光
子規記念博物館

愛媛・松山が生んだ俳人・正岡子規。結核を患っていたため、34歳の若さで亡くなった子規の実物資料を含め約300点を常時展示していて、子規の生涯や松山の歴史や文学を学べる。

近代俳句の基礎を築いたといわれる正岡子規

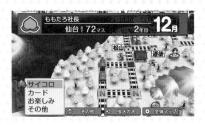

※ ▦色の項目は「場所」について、■色の項目は「名産品」について解説しています。

愛媛県がよくわかる！ 場所と名産品

今治タオル
世界も認める今治タオル

タオル工場（今治駅）
工業

今治市は120年以上にわたってタオル作りが行われている「タオルの聖地」。タオル作りに適した軟水が豊富で、この水を使って晒しが行われることで、綿の柔らかさが引き出され、肌触りのいい吸水性の高いタオルが作られる。

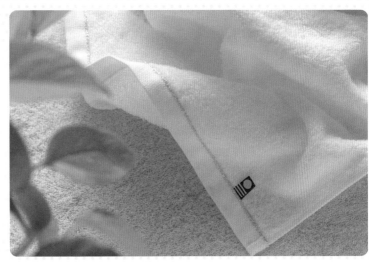

「ジャパン・クオリティ」として世界から注目

宇和島市営闘牛場
年4回のみ開催される牛の闘い

闘牛場（宇和島駅）
観光

宇和島で行われる闘牛は、牛同士を1対1で闘わせるもの。時間制限なしで逃げた牛が負けという単純なルールで、うわじま闘牛定期大会は年に4回しか開催されないイベント。

相撲のように横綱から前頭までの番付がある

鯛めし屋（宇和島駅）
食品
宇和島ならではのご当地鯛めし

鯛めし

鯛の炊き込みご飯ではなく、とれたての鯛の刺身をご飯の上に乗せ、特製のタレと卵にからめて食べる宇和島の郷土料理。鯛のプリプリの食感と卵のトロトロ感が絶妙。

伊予水軍がよく食していたといわれる

坊ちゃん団子屋（道後駅）
食品
見た目もカラフルな3色団子

坊っちゃん団子

松山が舞台となった夏目漱石の小説『坊っちゃん』に登場してから、このように呼ばれるようになった串。餡は卵や抹茶で色付けされていて、中に小さな餅が入っている。

小説『坊っちゃん』では2皿食べる場面が

北海道地方
東北地方
関東地方
中部地方
近畿地方
中国・四国地方
九州地方

カツオの一本釣りで知られる県

高知県

？ どんなところ？

温暖で雨の多い高知県は森林面積の割合が日本一。つり竿を使いカツオを1匹ずつ釣り上げる「一本釣り」が行われ、カツオのたたきは高知を代表する料理となっている。

基本データ

県庁所在地：高知市	人口：約70万人
面積：7104km²	人口密度：98.3人／km²

 四万十川遊覧船（四万十川駅） 観光

四万十川

高知県西部を流れる四万十川は四国最長の河川。清流として知られ、洪水の際に橋が流されないように、欄干をなくして水の抵抗を少なくし、橋自体が水面下に沈むように工夫した「沈下橋」が見られる。

沈下橋は地域住民の生活に欠かせない

土佐ジロー養鶏場（安芸駅） 農林・水産

土佐ジロー

「土佐ジロー」は、高知原産で天然記念物にもなっている土佐地鶏のオスとアメリカ原産のロードアイランドレッド種のメスをかけ合わせたもので、日本では珍しい採卵と食肉の両方を目的とした鶏。ご飯に土佐ジローの肉を乗せ、ガラでとったスープをかけた「スープ茶漬け」は絶品。

卵は小さいが黄身が大きくコクがある味

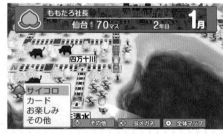

四国山地

四国山地

高知市
高知平野

安芸市

須崎市

土佐湾

室戸岬

四万十川

四万十市

太平洋

土佐清水市
足摺岬

※ 色の項目は「場所」について、 色の項目は「名産品」について解説しています。

高知県がよくわかる！場所と名産品

北海道地方

東北地方

関東地方

中部地方

近畿地方

中国・四国地方

九州地方

ジョン万記念館（土佐清水駅）観光

土佐清水はジョン万次郎の故郷

ジョン万次郎資料館

ジョン万次郎を紹介する資料館。万次郎は14歳の時に漁に出て遭難。しかし、アメリカの捕鯨船に救助され、アメリカへ渡る。帰国後は、通訳などで日本の近代化に大きく貢献した。

万次郎の生涯を詳しく紹介している

みょうが畑（須崎駅）農林・水産

全国生産の7割を占める

みょうが

全国の生産量の約7割を占めている高知県のみょうが。さわやかな香りとピリっとする辛みが特徴の香味野菜は、料理の薬味としても重宝され、カツオのたたきなどにも使われる。

高知ではハウスも使って、一年中栽培される

あゆ料理屋（四万十川駅）食品

四万十川の恵みを存分に味わえる

アユ

豊かな森林に囲まれる清流の四万十川にはアユのエサとなる川苔が豊富。きれいな水で川苔を食べて育った天然のアユは臭みがなく、アユ本来のうまみや香りが楽しめる。

塩焼き、甘露煮、鮎寿司などバラエティ豊富

皿鉢料理屋（高知駅）食品

海の幸と山の幸を豪快に盛り付け

皿鉢料理

高知県を代表する郷土料理。有田焼などの色鮮やかな大皿や大鉢に、カツオのたたき、タイなどの刺身、季節の野菜の煮物、焼き物、寿司などを豪快に盛り合わせる。

好きなものを自由に取って食べる

カツオのたたき屋（高知駅）食品

カツオのたたき

高知を代表するソウルフード

高知のご当地料理といえばカツオのたたき。「たたき」とは塩やタレをかけて叩いて味を馴染ませることに由来する。表面を藁焼きしてスライスした後、薬味とタレをかけて豪快に食べる。高知では天然塩をふった「塩たたき」も食べられる。

カツオ漁が盛んな高知では日常的に食べられる

103

鳥取県

駅名	物件名	価格	収益率
①鳥取	豆腐ちくわ屋	1000万円	50%
	ピンクカレー屋	1000万円	50%
	ナガイモ畑	5000万円	5%
	ラッキョウ畑	5000万円	5%
	スイカ畑	5000万円	8%
	種類豊富な鳥取スイカ。中国地方の最高峰である大山の山麓などで栽培が盛んだ		
	二十世紀梨園	8000万円	8%
	新甘泉梨園（2）	2億円	10%
②境港	ののこめし屋	1000万円	50%
	海鮮市場	4億円	1%
	イワシ漁船団	6億円	1%
	紅ズワイガニ漁船団	10億円	2%
	妖怪ロード	80億円	7%

島根県

駅名	物件名	価格	収益率
③安来	どじょうすくい教室	200万円	50%
	ヤスキ包丁工房	3000万円	50%
	安来織物工房	1億円	1%
	たたら鉄記念館	4億円	1%
	島根では砂鉄と木炭を原料にして古くから鉄作り（たたら製鉄）が行われてきた		
	庭園美術館	10億円	5%
④松江	ぼてぼて茶屋	1000万円	25%
	松江の郷土料理で、泡立てたお茶の中に、赤飯、煮豆、漬物などを入れて食べる		
	かまあげそば屋	1000万円	50%
	しじみ料理屋（2）	1000万円	50%
	うなぎ料理屋	5000万円	25%
	和菓子屋（2）	2億円	1%
	島根牛牧場	3億円	2%
⑤大根島	ダイコン畑	5000万円	5%
	薬用人参畑（3）	3億円	15%
	牡丹パーク	5億円	7%
	春がシーズンでさまざまな色の大輪の花が咲く牡丹は島根の県花で、大根島は有名産地		

島根県（続き）

駅名	物件名	価格	収益率
⑥出雲	出雲そば屋（8）	1000万円	50%
⑦石見銀山	ブリキ屋	1000万円	50%
	ボベ飯屋	1000万円	50%
	「ぼべ」とは岩場に張りつく小さな貝のこと。ぼべを米と炊き込んだ島根の家庭料理		
	下駄の歯せんべい屋	1000万円	80%
	医療器具工場	20億円	3%
	銀山の町並み	80億円	4%
⑧浜田	かれいカレー屋	1000万円	50%
	赤天ぷら屋	1000万円	80%
	石州和紙工房（2）	1億円	3%
	石州和紙は、島根県西部の石見地方（石州）で製造された和紙で、破れにくい		
	お魚センター	3億円	3%
⑨津和野	うずめ飯屋	1000万円	50%
	ご飯の下に具材を入れておき、だし汁をかけて食べる。「埋めた」ことが名前の由来		
	源氏あん巻屋（3）	3000万円	100%
	石州和紙工房	1億円	1%
	酒蔵	3億円	1%
	明治の文豪記念館	11億円	1%
	武家屋敷	20億円	2%

岡山県

駅名	物件名	価格	収益率
⑩岡山	きびだんご屋（2）	1000万円	25%
	もち米の粉に砂糖と水アメを混ぜ柔らかく練り上げた団子にキビの粉をまぶした銘菓		
	ままかり寿し屋	1000万円	25%
	ピオーネぶどう園	2億円	5%
	白桃園（3）	4億円	7%
	桃太郎ランド	10兆円	1%
⑪日生	焼きあなご屋（2）	1000万円	50%
	カキオコ屋（2）	1000万円	100%
	売れない小さなカキや傷もののカキをお好み焼きに入れて食べたのが始まりという		
	備前焼き物工房	3億円	3%
	岡山県南東部の備前市付近で作られる焼き物。1200〜1300度の高温で焼かれる		

岡山県（続き）

駅名	物件名	価格	収益率
	銘菓むらすずめ屋	1000万円	50%
	ぶっかけうどん屋	1000万円	50%
⑫倉敷	桃太郎グッズ屋	1000万円	100%
	倉敷帆布工場	1億円	1%
	ジーンズ工場	2億円	1%
	桃園	3億円	1%
	美術館（2）	4億円	1%
⑬蒜山	蒜山焼そば屋（2）	1000万円	50%
	ジャージー牛牧場（3）	3億円	4%

広島県

駅名	物件名	価格	収益率
⑭福山	スイトピー園	5000万円	5%
	くわい畑（2）	8000万円	5%
	琴製造工場	2億円	1%
	琴の製造は江戸時代からで、1985年には楽器としては初の伝統的工芸品に指定		
	紳士服工場	40億円	1%
	製鉄所	180億円	1%
	運輸会社	200億円	2%
	鉄鋼工場	400億円	3%
⑮鞆の浦	海が見えるカフェ	1000万円	50%
	いろは丸博物館	2億円	1%
	保命酒工場	3億円	3%
	お寿司ホテル	5億円	5%
	造船所	1700億円	1%
⑯尾道	尾道ラーメン屋	1000万円	50%
	尾道から福山までの広島県東部に広がるラーメンスタイルで背脂醤油スープが特徴		
	尾道お好み焼き	1000万円	80%
	レモン園（2）	3億円	8%
	ゴム工場	33億円	3%
	造船所（2）	1500億円	4%

※「物件名」の左のマークは、食食品、農農林・水産、商商業、工工業、観観光を表します。「物件名」の後の「（2）」などの数字はゲーム内の物件数を表します。

駅名	物件名	価格	収益率
⑰ 生口島（いくちじま）	レモンケーキ屋	1000万円	100%
	レモン園（3）	3億円	10%
	平和を願う美術館	10億円	3%
⑱ 広島（ひろしま）	紅葉まんじゅう屋	1000万円	70%
	広島レモンケーキ屋	1000万円	80%
	広島風お好み焼き屋（2）	1000万円	80%
	おにぎり屋	1000万円	100%
	ソース工場	4億円	2%
	プロ野球チーム	79億円	5%
	自動車工場	400億円	1%

クルマ作りにこだわった自動車メーカー「マツダ」の本社がある広島市

駅名	物件名	価格	収益率
⑲ 宮島（みやじま）	紅葉まんじゅう屋（3）	1000万円	70%

フワフワな生地であんこを包み、モミジの葉をかたどった型で焼き上げた広島銘菓

	広島風お好み焼き屋（3）	1000万円	80%
	あなご飯屋	1000万円	80%

上品な味わいでカキと並ぶ宮島名物。あなごのかば焼きを乗せ、駅弁としても人気

	しゃもじ工房	1億円	1%

宮島のしゃもじは「幸せをめしとる」として、縁起物のお土産として人気

駅名	物件名	価格	収益率
⑳ 呉（くれ）	肉じゃが屋	1000万円	50%
	海軍カレー屋（2）	1000万円	50%

海上自衛隊呉基地の所属艦船で食べられているカレーが呉市内の店で食べられる

	うまいでがんす屋	1000万円	50%
	ぬるい冷麺屋	1000万円	100%
	胡蝶蘭園	8億円	4%
	潜水艦記念館	16億円	1%
	戦艦大和記念館	65億円	1%

山口県

駅名	物件名	価格	収益率
㉑ 岩国（いわくに）	錦帯橋グッズ屋	1000万円	50%
	岩国寿司屋（2）	1000万円	50%
	山賊レストラン	1億円	3%
	パルプ工場	3億円	3%
㉒ 柳井（やない）	金魚ちょうちん屋（2）	1000万円	50%
	甘露醤油工場（2）	4億円	1%
	白壁の町並み	20億円	2%
㉓ 湯田温泉（ゆだおんせん）	ういろう屋（2）	1000万円	100%

名古屋などのういろうと違い、山口のういろうはわらび粉や葛粉などを使用する

	天折の詩人記念館	9億円	3%
	ういろうの里	10億円	1%
	明治維新の宿	36億円	4%

駅名	物件名	価格	収益率
㉔ 山口（やまぐち）	ばりそば屋（2）	1000万円	80%

揚げた中華麺に野菜タップリのとろみが付いたスープをかけた山口ご当地麺料理

	ういろう屋（2）	1000万円	100%
	大内塗り物工房	1億円	5%
	ういろうの里	10億円	3%
	ザビエル記念堂	18億円	1%
	フリース衣料工場	300億円	5%

駅名	物件名	価格	収益率
㉕ 宇部（うべ）	宇部かまぼこ屋	1000万円	50%
	ペリカンプリン屋	1億円	3%
	セメント工場	20億円	1%

品質の高いセメントを生産する「宇部興産」の本社がある山口・宇部市

	チタン工場	50億円	2%
	セラミクス工場	1200億円	4%

駅名	物件名	価格	収益率
㉖ 萩（はぎ）	しそわかめ屋	1000万円	50%

わかめとしそを混ぜ合わせた、ややしっとりしたソフトタイプのふりかけ

	うに釜めし屋	1000万円	100%
	明治維新グッズ屋	3000万円	50%

明治維新とは江戸幕府を倒して近代化へ進めた、日本の歴史における最も重要な運動

	夏みかん園（2）	1億円	2%
	萩焼き物工房（2）	3億円	3%

萩焼は、豊臣秀吉の朝鮮出兵の後、朝鮮から連れてきた陶工により始められた

	明治維新博物館	32億円	4%

駅名	物件名	価格	収益率
	仙崎かまぼこ屋（2）	1000万円	50%
	ウニ丼屋	1000万円	50%
㉗ 仙崎（せんざき）	仙崎イカ漁	3億円	3%

入り組んだ地形と激しい潮流がぶつかり合う場所は、イカの身が引き締まり味も違う

	童謡詩人記念館	8億円	2%
㉘ 下関（しものせき）	うに丼屋（2）	1000万円	80%
	瓦そば屋	1億円	10%

瓦そばは、焼いた瓦の上に茶そばを乗せたもので、山口県のご当地グルメ

	フグ料理屋（4）	4億円	4%
	給湯設備工場	70億円	2%

徳島県

駅名	物件名	価格	収益率
㉙ 徳島（とくしま）	金時豆お好み焼き屋	1000万円	80%

金時豆と小エビの天ぷらが入ったご当地お好み焼き。後からくる甘みが絶妙だ

	徳島ラーメン屋	1000万円	100%
	チョコまん屋	1000万円	200%
	すだち園（2）	1億円	7%
	カップめん工場	8億円	5%
	阿波おどり記念館	33億円	3%
	ソフトウェア会社	122億円	4%
㉚ 鳴門（なると）	鳴門わかめ屋	1000万円	50%
	すだち園（2）	1億円	7%
	レンコン畑	1億円	10%

一本ずつ手掘りで丁寧に収穫され、皮の白さと柔らかい食感が特徴の鳴門れんこん

	鳴門金時畑	3億円	10%
	製薬工場	60億円	7%
	国際陶板美術館	400億円	5%
	栄養補給飲料工場	400億円	7%

宮島には世界遺産の「厳島神社」があるよ

香川県

駅名	物件名	価格	収益率
31 さぬき	🍴 レタス畑（3）	8000万円	5%
	🍴 和三盆工場	2億円	5%
	🏯 平賀源内記念館	4億円	1%
32 高松	🍴 しょうゆ豆屋	1000万円	100%
	🍴 さぬきうどん屋（3）	1000万円	100%
	🍴 骨付き鳥屋	1億円	4%
	🏢 石材店	3億円	5%
	🏢 マンション工務店	40億円	4%
	🏭 クレーン車工場	103億円	1%
33 坂出	🍴 ぴっぴ飯屋	1000万円	50%
	🍴 和菓子屋	1000万円	50%
	🍴 醤油工場	2億円	2%
	🏭 産業用ガス工場	32億円	3%
	🏭 ケミカル工場	40億円	1%

坂出市と宇多津町にまたがる番の州臨海工業地帯には、化学工業の工場が多数ある

駅名	物件名	価格	収益率
33 坂出	🏭 造船所（2）	100億円	2%
	🏭 化学工場	400億円	1%

愛媛県

駅名	物件名	価格	収益率
34 四国中央	🍴 霧の森大福工場	2億円	4%
	🏭 不織布工場	60億円	3%
	🏭 合成樹脂工場	80億円	1%
	🏭 おむつ用品工場	160億円	2%
	🏭 製紙工場	300億円	1%

エリエールで有名。紙製品を作る「大王製紙」の本社が四国中央市にある

駅名	物件名	価格	収益率
35 今治	🍴 鉄板やきとり屋	1000万円	25%
	🍴 みかん大福屋	1000万円	50%
	🍴 焼き豚玉子めし屋（2）	1000万円	100%
	🏭 タオル工場	1億円	3%
	🏭 焼肉のたれ工場	80億円	3%
	🏭 造船所（2）	200億円	1%
36 大三島	🍴 青いレモン園（3）	3億円	5%
	🍴 伯方の塩工場（2）	40億円	2%

海水の成分を生かした伯方の塩でおなじみの「伯方塩業　大三島工場」がある今治市

（松山・道後・宇和島）

駅名	物件名	価格	収益率
37 松山	🏯 夏目漱石グッズ屋	3000万円	100%
	🏯 正岡子規グッズ屋	3000万円	100%
	🍴 タルト屋（2）	3000万円	50%

しっとりこしあんをスポンジ生地でロールケーキ状に巻いた愛媛のご当地菓子

駅名	物件名	価格	収益率
37 松山	🍴 ミカン園	5000万円	5%
	🍴 霧の森大福屋	1億円	20%
	🏯 映画監督記念館	13億円	10%
	🏭 農業機械工場	230億円	1%
38 道後	🍴 坊ちゃん団子屋（2）	1000万円	50%
	🍴 ミカンおにぎり屋	1000万円	50%
	🍴 タルト屋（2）	3000万円	50%
	🍴 ミカン園	5000万円	5%

愛媛・道後ではいよかん、デコポン、せとかなど、いろんな品種を栽培している

駅名	物件名	価格	収益率
38 道後	🍴 とんかつパフェ屋	1億円	100%
	🏯 道後温泉郷	300億円	1%
39 宇和島	🍴 じゃこ天屋	1000万円	50%

小魚などのすり身を、形を整えて油で揚げたかまぼこで、愛媛の郷土料理

駅名	物件名	価格	収益率
39 宇和島	🍴 鯛そうめん屋	1000万円	50%

大皿にそうめんをさざ波のように盛り付けてその上に甘辛く煮た鯛が乗るお祝い料理

駅名	物件名	価格	収益率
39 宇和島	🍴 鯛めし屋（2）	3000万円	50%
	🍴 ミカン園（2）	5000万円	5%
	🏯 闘牛場	3億円	1%
	🏭 パーティグッズ工場	10億円	4%

高知県

駅名	物件名	価格	収益率
40 高知	🍴 穴子の稚魚料理屋	1000万円	50%
	🍴 帽子パン屋	1000万円	100%
	🍴 小夏園	5000万円	8%
	🍴 トマト園	8000万円	10%

高知のフルーツトマトは絶品の甘さで高品質。2～5月に収穫される

駅名	物件名	価格	収益率
40 高知	🍴 カツオのたたき屋	1億円	2%
	🍴 皿鉢料理屋	2億円	1%
	🍴 おひろめ屋台村	4億円	10%
	🏢 帯屋町アーケード街	20億円	2%
41 安芸	🍴 ナス畑（2）	5000万円	10%

高知はナスの生産量が日本一。温暖な気候と豊かな土で収穫した安芸のナス

駅名	物件名	価格	収益率
41 安芸	🍴 ユズ園（2）	8000万円	10%
	🍴 土佐ジロー養鶏場	3億円	3%
42 須崎	🏯 かわうそグッズ屋	1000万円	50%

絶滅状態で幻の動物といわれる「ニホンカワウソ」。最後の姿は須崎で確認された

駅名	物件名	価格	収益率
42 須崎	🍴 鍋焼きラーメン屋（4）	1000万円	100%
	🍴 みょうが畑（2）	8000万円	10%
	🏭 セメント工場	40億円	1%
43 四万十川	🍴 あゆ料理屋（2）	1000万円	70%
	🍴 青のり漁	5000万円	100%

清流・四万十川の豊かな恵みを受けた青のりは、味・香り・色ともに評価が高い

駅名	物件名	価格	収益率
43 四万十川	🍴 うなぎ料理屋（2）	1億円	5%

きれいな四万十川で獲れる天然ウナギは、脂の乗りが違う上質な味わい

駅名	物件名	価格	収益率
43 四万十川	🍴 四万十川遊覧船	2億円	2%
	🏯 フィギュア博物館	5億円	5%
44 土佐清水	🍴 芋けんぴ工場	1億円	3%
	🍴 塩けんぴ工場	2億円	3%
	🍴 カツオブシ工場（2）	3億円	3%

土佐清水沖で獲れる宗田カツオで作るカツオ節は濃厚なだしが取れる

駅名	物件名	価格	収益率
44 土佐清水	🏯 ジョン万記念館	8億円	3%

愛媛県は柑橘類の収穫量全国1位！

※「物件名」の左のマークは、🍴食品、🌾農林・水産、🏢商業、🏭工業、🏯観光を表します。「物件名」の後の「（2）」などの数字はゲーム内の物件数を表します。

九州地方

ユーラシア大陸に近く、古くから中国や朝鮮半島との交流が行われ、江戸時代にはヨーロッパとの窓口になるなど、日本の歴史において重要な役割を果たしてきた地域です。

世界遺産がたくさんあるよ！

P108 福岡県

➡中国・四国地方（P85）

P110 佐賀県

P112 長崎県

P114 熊本県

P116 大分県

P118 宮崎県

P120 鹿児島県

P122 沖縄県

※地図上の番号は124〜127ページの駅名の番号と対応しています。

アジアとの玄関口として発展

福岡県

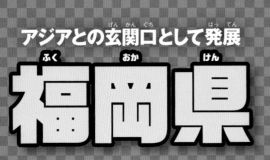

❓ どんなところ?

福岡市は九州地方の中心都市で、多くの人が集まり活気にあふれている。1901年に官営の八幡製鉄所が操業を開始した北九州市は、日本の近代化を支えた工業都市の1つ。

🏮 基本データ

県庁所在地:福岡市	人口:約510万人
面積:4987㎢	人口密度:1023.5人／㎢

鉄道記念パーク(門司港駅) 観光

九州鉄道記念館

門司港レトロ地区にある「九州鉄道記念館」は昔懐かしい実物の鉄道車両やリアルな乗車風景の中で運転体験ができるシミュレーターなど、列車にまつわる展示物が多くそろう。

施設は赤レンガ造りの旧九州鉄道本社を活用している

屋台村(中洲駅) 食品

屋台

福岡市の中洲は日本有数の繁華街の1つ。夕方になると、のれんを掲げた屋台が立ち並び、たくさんの人たちが集まる。いろいろな屋台をはしごするのも楽しい。

店内は狭いので席はゆずりあいで

関門海峡
北九州市
日本海
瀬戸内海
志賀島
玄界灘
飯塚市
博多湾
福岡市
福岡平野
太宰府市
筑紫山地
英彦山▲
筑紫平野
久留米市
筑後川
有明海

太宰府博物館(太宰府駅) 観光

九州国立博物館

国立博物館としては国内で4番目に開館された「九州国立博物館」。太宰府天満宮の隣に造られた施設は、壁面はガラスに覆われ、曲線的な大屋根など建築の美しさにも注目。

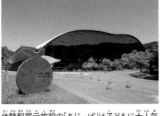

体験型展示施設の「あじっぱ」は子どもに大人気

※ ■色の項目は「場所」について、■色の項目は「名産品」について解説しています。

福岡県がよくわかる！ 場所と名産品

北海道地方

東北地方

関東地方

中部地方

近畿地方

中国・四国地方

九州地方

かしわめし屋（小倉駅）
食品

鶏処・福岡ならではの駅弁

かしわめし

鶏のスープで炊いたご飯に、味付けされた鶏肉と卵をあしらったかしわめし。九州の郷土料理で、駅弁は北九州市内の小倉駅や折尾駅などで販売されている。

鶏肉以上においしいと評判の炊き込みご飯

博多ラーメン屋（博多駅）
食品

博多グルメの代表

博多ラーメン

ストレートの細麺に豚骨の白く濁ったスープのラーメン。麺だけをおかわりできる「替え玉」は博多ラーメンで始まったとされる。具材はチャーシュー、ネギ、紅ショウガなど。

「ばりかた」「かた」など、麺の硬さを選べる

博多人形工房（博多駅）
商業

世界に誇る博多の伝統工芸品

博多人形

博多地区で400年以上にわたって作られ続けてきた伝統工芸品。粘土を原料とした素焼の人形にそのまま着色して作られる。美人もの、歌舞伎もの、子どもものなど種類も多く、その美しい姿から、海外でも非常に人気が高い。

明治期のパリ万博に出品され、大好評だった

あまおうイチゴ園（久留米駅）
食品

福岡県を代表する高級イチゴ

博多あまおう

「あかい、まるい、おおきい、うまい」の頭文字を取って名付けられた「あまおう」は福岡県限定の高級イチゴ。贈答品などとして人気が高い。従来から栽培されてきた「とよのか」に代わる日本一のイチゴを目指して開発された。

濃厚な甘みの中にほのかな酸味がある

世界的に知られる陶磁器の産地

佐賀県

❓ どんなところ？

有明海では海苔の養殖が盛んで、「佐賀のり」は販売数、販売額ともに日本一。吉野ケ里遺跡は弥生時代の大きな集落跡で、当時の発展の様子がうかがえる貴重な遺跡。

県庁所在地：**佐賀市**	人口：**約82万人**
面積：**2441km²**	人口密度：**333.8人／km²**

本丸歴史館（佐賀駅）　観光

佐賀城本丸歴史館

佐賀城の本丸御殿の造りを保ちながら復元した2500m²の規模を誇る木造建物の「佐賀城本丸歴史館」。江戸幕府末期から明治維新期の佐賀の様子をわかりやすく伝える施設だ。

本丸御殿は藩主が政治を行ったり、生活したところ

唐津焼き物工房（唐津駅）　商業

唐津焼

唐津焼は、安土桃山時代から始まったとされるが、豊臣秀吉の朝鮮出兵の際、朝鮮半島から多くの陶工を渡来させ、その技術を取り入れたことで発展していった。

唐津港から積み出され、西日本に広まった

日本海

唐津湾

筑紫山地

鳥栖市○

唐津市○

伊万里市○

小城市○

佐賀市●

○有田町

筑紫平野

筑後川

有明海

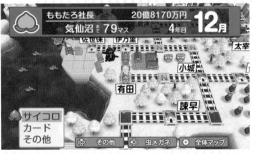

ももたろ社長	20億8170万円	12月
気仙沼まで79マス	4年目	

サイコロ
カード
その他

太宰

小城

有田

諫早

その他　虫メガネ　全体マップ

※ ■色の項目は「場所」について、■色の項目は「名産品」について解説しています。

佐賀県がよくわかる！場所と名産品

北海道地方

東北地方

関東地方

中部地方

近畿地方

中国・四国地方

九州地方

有田焼き物工房（有田駅）
400年以上の伝統を誇る焼き物
有田焼
商業

有田焼は、佐賀県有田地方で製造された世界的に知られる磁器。江戸時代には伊万里港から出荷されたので「伊万里焼」と呼ばれる。長崎経由でヨーロッパに輸出されるようになると、その美しさは当時の貴族たちのあこがれとなった。

ヨーロッパの焼き物にも影響を与えた

シシリアンライス屋（佐賀駅）
野菜もしっかりとれるご当地グルメ
シシリアンライス
食品

佐賀市のご当地グルメ。平たい皿にご飯を敷き、その上に甘く辛いタレで炒めた肉と生野菜を乗せ、マヨネーズをかけたもの。1970年代に佐賀市内の喫茶店で誕生したといわれ、喫茶店の定番メニューとして愛されている。

佐賀市内では30軒以上の店で提供されている

丸ぼうろ屋（佐賀駅）
食品
佐賀を代表する素朴なお菓子
丸ぼうろ

佐賀の菓子職人が、小麦粉に砂糖を合わせて練ったものを天火で焼く製法をオランダ人に習ったことが始まり。その後、生地に卵や蜂蜜を加えるなどの改良が進んだ。

素朴なおいしさで幅広い年代に愛されている

イカの活き造り屋（唐津駅）
食品
透明でとろけるような舌触り
イカの活き造り

玄界灘に面した唐津市の呼子の名物は「イカの活き造り」。注文が入ると、いけすの中で泳いでいるイカを網ですくい、手早くさばいて、透明なまま皿に盛り付ける。

ゲソは天ぷらや塩焼きにしてくれる

外国文化を取り入れてきた窓口
長崎県

? どんなところ？

長崎は鎖国が続いた江戸時代に、ヨーロッパや中国の文化を受け入れてきた唯一の窓口。大浦天主堂や旧グラバー住宅などの洋風建築は貴重な観光資源となっている。

基本データ

県庁所在地：長崎市　人口：約133万人
面積：4131km²　人口密度：321.1人／km²

壱岐
対馬
平戸島
○佐世保市
島しょ部
○対馬市
東シナ海
大村湾　有明海
諫早市○　諫早湾
五島列島
雲仙岳▲
○五島市
◎長崎市
島原半島

剣先イカ漁（壱岐駅）

農林・水産

剣先イカ

玄界灘に浮かぶ壱岐。付近の海域では春から初夏にかけてイカ釣り漁が最盛期を迎える。胴長35cm以上のものは「壱岐剣」として高値で取り引きされる。

春から夏にかけてが旬。刺身で食べるのが定番

カステラ屋（長崎駅）

食品

カステラ

約400年前にポルトガルから伝わってきた、長崎を代表するお菓子。お土産にも喜ばれ、しっとりとした生地と卵の濃厚な風味に加えて、底に残った大きなザラメ糖のシャリッとした口当たりが心地いい。

焼き上げた後にザラメ糖が底に残るように生地を作る

※ ■色の項目は「場所」について、■色の項目は「名産品」について解説しています。

長崎県がよくわかる！場所と名産品

五島うどん屋（五島駅）

手延べ製法で独特の食感のうどん

五島うどん

五島列島で作られているうどんで、そうめんのように生地を引き延ばして細い麺にしていく。その後、しっかり乾燥させると、コシが強く切れにくい五島うどんならではの麺に仕上がる。

讃岐うどん、稲庭うどんと並び日本三大うどんの1つともいわれている

びわゼリー屋（茂木駅）

加工品のびわゼリーも人気

茂木びわ

びわの収穫量が日本一の長崎県。なかでも長崎市の茂木はびわの産地として有名。江戸時代に三浦シオという女性が、中国から伝わったびわを茂木の自宅で育てたことから始まった。

甘くてジューシーな味わいが特徴

トルコライス屋（長崎駅）

長崎発祥のオリジナルメニュー

トルコライス

長崎が生んだご当地料理のトルコライス。ピラフとスパゲッティのナポリタン、そして豚カツをワンプレートに乗せ、デミグラスソースをかけたボリュームのある一品。

「トルコライス」だがトルコ料理ではない

佐世保バーガー屋（佐世保駅）

佐世保バーガー

手作りのご当地ハンバーガー

佐世保市で50年以上愛されてきたご当地グルメ。1950年代にアメリカ海軍から直接レシピを教えてもらって作ったのが始まりといわれる。ボリュームたっぷりの手作りハンバーガーで、長崎県外にもファンが多い。

作り置きはしないため、できたてを味わえる

北海道地方

東北地方

関東地方

中部地方

近畿地方

中国・四国地方

九州地方

113

トマトやスイカの生産量日本一

熊本県

基本データ

県庁所在地：熊本市 　人口：約175万人
面積：7409km² 　人口密度：235.9人／km²

❓ どんなところ？

野菜栽培が盛んでトマトやスイカの生産量は日本一。阿蘇山は、外輪山といくつかの中央火口丘からなる活火山で、噴火によってできた大きな凹地のカルデラは世界最大級。

有明海
阿蘇山▲
島原湾
●熊本市
熊本平野
九州山地
上天草市○
八代平野
八代市
天草市○
上島
八代海（不知火海）
天草諸島
球磨川
人吉盆地
下島
○水俣市
人吉市○

天草四郎時貞記念館（天草駅） 観光

天草四郎ミュージアム

「天草四郎ミュージアム」は天草へのキリスト教や南蛮文化の伝来と、少年天草四郎を中心に自由と平等を求めた「天草・島原の戦い」を今に伝える資料館。

天草・島原の戦いの映画やジオラマも公開

ばんぺいゆ畑（八代駅） 農林・水産

晩白柚

八代を代表する特産品の晩白柚は、非常に大きいミカン科の果物。皮は厚く1玉1kgを超えるものもある。さわやかな香りとサクサクとした歯ざわりが特徴だ。

5kg超えでギネス世界記録に認定されたものもある

※ 色の項目は「場所」について、 色の項目は「名産品」について解説しています。

北海道地方
東北地方
関東地方
中部地方
近畿地方
中国・四国地方
九州地方

い草畑（八代駅）

農林・水産

極上の畳表は熊本のい草使用

い草

い草は畳に使われる材料で、熊本はい草の生産量が日本一。熊本のい草から作られた畳表は、その品質から高級品といわれ、日本の歴史的文化財の再生にも数多く使用されている。

国産と外国産の違いは土壌と仕上がりの製法

キジ馬工房（人吉駅）

商業

素朴で色美しい木製おもちゃ

きじ馬

主に人吉で作られているきじ馬は、細長い胴体に車輪が付いた木工玩具。胴体にヒモを付けて引っ張って遊び昔から親しまれている。色美しいデザインでお土産にも人気だ。

地域によって色や形が異なる

タイピーエン屋（熊本駅）

食品

熊本発祥のヘルシーな麺料理

太平燕

中国の郷土料理を日本の食材に置き換えてアレンジして作られた熊本県のソウルフード。鶏ガラや豚骨でとったスープに、野菜、豚肉、エビやイカなどの具材がたっぷり入り、麺にはヘルシーな春雨を使っている。

熊本のほとんどの中華料理店にあるメニュー

伝統工芸パーク（人吉駅）

商業

伝統工芸品の体験型施設

人吉クラフトパーク 石野公園

人吉クラフトパーク石野公園は、人吉球磨の伝統工芸に触れることができる体験型のテーマパーク。郷土玩具「花手箱」をはじめ、ガラス工芸や革小物、陶芸、木工などの手作り体験ができる。

園内ではレンタサイクルの貸し出しも行っている

日本一の「おんせん県」
大分県

❓ どんなところ？

別府温泉や湯布院温泉など、全国的に知られている温泉地のある大分県は温泉湧出量が日本一の「おんせん県」。水産業も盛んで、関サバや関アジなどのブランド魚も有名。

🏛 基本データ

県庁所在地：**大分市**	人口：**約114万人**
面積：**6341km²**	人口密度：**179.1人／km²**

🏛 日本旅館（別府駅） 観光

別府温泉

別府市は「おんせん県」大分県でも特に温泉が多い地域。市内にある鶴見岳などの活火山の地下にある高温のマグマが地下水を温め、これが噴き出してくることで温泉となる。

別府温泉は温泉の湧き出る量が日本一

🏛 福沢諭吉記念館（中津駅） 観光

福澤諭吉旧居・福澤記念館

慶應義塾の創始者であり、1万円札の肖像画でも有名な教育家・福澤諭吉。青年期を過ごした家や、彼のさまざまな資料を紹介した施設で、その生涯や考え方を知ることができる。

勉学に励んだ土蔵もそのままの状態で保存

地図

瀬戸内海
中津市
宇佐平野　国東半島
英彦山
筑紫山地
日田市
由布岳　別府市
別府湾
大分市
大分平野
臼杵湾
くじゅう連山
竹田市
九州山地

🏛 天領の町並み（日田駅） 観光

天領日田 豆田町

日田市豆田町は、江戸時代に幕府が直接支配する「天領」として栄えた町で、当時の商人の家や土蔵が多く残り、その古い町並みは国の重要伝統的建造物群保存地区に選定されている。

電柱が撤去された通りは古い町並みが際立つ

※ ■色の項目は「場所」について、■色の項目は「名産品」について解説しています。

大分県がよくわかる！ 場所と名産品

シイタケ栽培（大分駅）

農林・水産

大分県はシイタケの生産量日本一

シイタケ

大分県は古くからシイタケ栽培が盛んで、伐採したクヌギなどの木にシイタケの菌を植えつける原木栽培が広く行われている。乾燥させて干しシイタケにすると、さらにうまみが凝縮される。

原木となるクヌギを確保するため、植林も盛んに行われている

鶏のから揚げ屋（中津駅）

食品

全国にファンも多い中津からあげ

中津からあげ

大分を代表するご当地グルメで、からあげの聖地とまでいわれる中津。市内の専門店がそれぞれ独自に作り上げたタレに鶏肉を漬け込み、薄めの衣でカリッと揚げる。

中津には40店以上のからあげ専門店がある

滝廉太郎博物館（竹田駅）

観光

瀧廉太郎のルーツに触れる

瀧廉太郎記念館

「荒城の月」を作曲した音楽家、瀧廉太郎。彼が12歳から14歳まで過ごした居宅の一部を一般公開した記念館で、直筆の手紙や写真など、貴重な資料が多く展示されている。

生まれてからすぐ各地を転々とした瀧廉太郎

姫だるま工房（竹田駅）

商業

姫だるま

家内安全を願う縁起物

竹田に伝わる伝統工芸品の姫だるま。女性のだるまで切れ長の目やおちょぼ口に口紅などの姿が特徴。竹田では、かつて正月の夜に家々を回って姫だるまを投げ込む風習があり、その年の家内安全を願った。

姫だるまのモデルは下級武士の妻といわれる

南国宮崎は食材の宝庫
宮崎県

基本データ

県庁所在地：**宮崎市** ｜ 人口：**約107万人**
面積：**7735㎢** ｜ 人口密度：**138.8人／㎢**

？ どんなところ？

宮崎牛、みやざき地頭鶏、完熟マンゴーなど、全国的に知られるブランド食材を多く持つ。温暖な気候を活かして野菜の促成栽培も行われており、まさに食材の宝庫。

九州山地
日向灘
さいと し
西都市
宮崎平野
太平洋
▲霧島山
大淀川
みやこのじょうぼんち
都城盆地
みや ざき し
●宮崎市
みやこのじょう し
○都城市
日南海岸
都井岬

ニラ畑（西都駅）
農林・水産

ニラ

栄養価が高く、家庭でもよく使われるニラは、宮崎県では西都市を中心に栽培が盛ん。ニラの収穫は夜明け前に行われ、新鮮な状態のまま出荷される。

宮崎のニラは葉の幅の広さとシャキっとした食感が特徴

じとっこ鶏場（都城駅）
農林・水産

みやざき地頭鶏

噛めば噛むほどうまみがあふれ出す肉質で、宮崎のブランド鶏としても有名なみやざき地頭鶏。古くから飼育されていた日本の在来種の地頭鶏を宮崎で独自改良した。

大自然の中でのびのび育てられるので肉の歯ごたえが抜群

ももたろ社長　9億6470万円　8月
茶屋街まで39マス　11年目
サイコロ
カード
その他
都城
その他　虫メガネ　全体マップ

※ ■色の項目は「場所」について、■色の項目は「名産品」について解説しています。

北海道地方

東北地方

関東地方

中部地方

近畿地方

中国・四国地方

九州地方

完熟マンゴー

自然落下の完熟にこだわる

完熟マンゴー園（西都駅）

農林・水産

完熟にこだわった宮崎マンゴーは、収穫が近付くと果実のひとつひとつにネットをかけて完熟させ、自然落下したものを収穫している。完熟ならではの鮮やかな色と濃厚な甘みが楽しめる。

ネットによる収穫は宮崎県で始まった

ピーマン

生でも味わえる宮崎ピーマン

ピーマン畑（西都駅）

農林・水産

宮崎県はピーマンの生産量が茨城県に次いで2位。冬も温暖で日照時間も長いという自然条件を活かした「促成栽培」が盛んで、本来は夏野菜のピーマンを冬から春にかけて出荷している。最近はカラーピーマンの出荷も盛んになっている。

味の良さと栄養価の高さは全国でも有数

チキン南蛮屋（宮崎駅）

食品

南蛮酢とタルタルソースが絶妙

チキン南蛮

衣を付けて揚げた鶏肉を南蛮酢の甘酢タレに漬け、タルタルソースをかけたチキン南蛮は、宮崎発祥のご当地グルメ。延岡市の洋食店のまかない料理がルーツといわれる。

南蛮酢はネギ・玉ねぎ・唐辛子が入った甘酢

宮崎牛牧場（宮崎駅）

農林・水産

厳しい審査をクリアした牛肉

宮崎牛

宮崎生まれ、宮崎育ちの黒毛和牛のうち、等級などの基準をクリアした最高級のものだけが「宮崎牛」と名乗ることができる。生産者がこだわり抜いた餌で育てられる。

内閣総理大臣賞を何度も受賞

119

火山とともに生きる
鹿児島県

？ どんなところ？

桜島など火山の多い鹿児島県。火山灰などが堆積したシラス台地では畑作が盛んでサツマイモなどが栽培されてきた。畜産業も発達し、豚の頭数は日本一となっている。

基本データ

県庁所在地：鹿児島市　　人口：約160万人
面積：9187km²　　人口密度：174.4人／km²

カツオブシ工場（枕崎駅）　農林・水産
カツオブシ

カツオの水揚げ港として知られる枕崎市はカツオブシの生産量日本一。薩摩半島南部では、湯のみに味噌とカツオブシを入れて熱い緑茶を注いでいただく「茶節」が飲まれてきた。

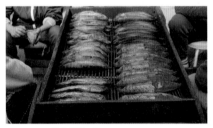

カツオブシの製造工場が集まる

明治維新記念館（鹿児島駅）　観光
維新ふるさと館

江戸時代末期から明治維新期にかけての鹿児島や、そこで活躍した人物たちの様子がわかる「維新ふるさと館」。映像や模型、ロボットなどを使って激動の時代を紹介する。

西郷隆盛や大久保利通が生まれた加治屋町にある

霧島山▲
鹿児島市◎　▲桜島
薩摩半島
鹿児島湾
志布志湾
枕崎市◯
開聞岳▲
大隅半島
佐多岬

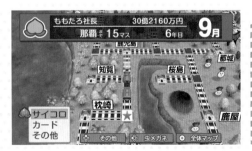

ももたろ社長	30億2160万円	**9**月
那覇 **15**マス	6年目	

鹿児島
知覧　桜島
都城
枕崎　★
鹿屋

サイコロ
カード
その他　　その他　　虫メガネ　　全体マップ

徳之島
奄美市　喜界島
沖永良部島　　種子島
奄美大島
宮之浦岳　屋久島
屋久島町
与論島

島しょ部

鉄砲伝来グッズ屋（種子島駅） 観光

その威力は戦の形を変えた
鉄砲伝来

1543年に種子島に辿り着いたポルトガル人によって火縄式鉄砲が伝えられた。鉄砲はあっという間に戦国時代の主要な武器となり、戦い方そのものを変えることになった。

戦国時代は鉄砲のことを種子島と呼んだ

特攻隊記念館（知覧駅） 観光

戦争の悲惨さや命の尊さを伝える
知覧特攻平和会館

爆弾を積んだ航空機で敵の船に体当たりする「特攻」。戦時中、この作戦の出撃基地であった知覧飛行場の一角に建てられた博物館で戦争の悲惨さや平和の大切さを伝えている。

特攻隊員が書き残した手紙も展示している

大島紬工房（奄美大島駅） 商業

幕府への献上品にも使われた
大島紬

大島紬は奄美大島で作られる絹織物で、手で紡いだ絹糸を、「てえちぎ」という植物を煮出した液と鉄分を含んだ泥を使って染めてから、手織りして作られる。高額になるが、上品な色合いと美しい模様で着物ファンを魅了してきた。

奄美大島では古くから養蚕が発達

桜島ダイコン畑（桜島駅） 農林・水産

ギネス世界記録に認定されたダイコン
桜島ダイコン

桜島で200年以上にわたって栽培されてきた桜島ダイコン。1～2月にかけて収穫の最盛期を迎える。食感はなめらかでほのかな甘みが感じられ、大きなものになると30kgを超えるものもあり、その重さはギネス世界記録に認定されている。

桜島ダイコンは漬物にされることが多い

北海道地方
東北地方
関東地方
中部地方
近畿地方
中国・四国地方
九州地方

美しい海とサンゴ礁の島々

沖縄県

？ どんなところ？

美しい海に白い砂浜、豊かな自然が広がる沖縄県には毎年多くの観光客が訪れる。歴史的に大陸との結びつきが強く、独自の文化や風習が見られるのも魅力。

基本データ

県庁所在地：那覇市　人口：約145万人
面積：2283k㎡　人口密度：637.1人／k㎡

ちゅらら水族館（本部駅）　観光

国営沖縄記念公園（海洋博公園）
沖縄美ら海水族館

沖縄の人気スポットで、名前の通り神秘的で美しい海の世界が見られる水族館。世界最長飼育記録を持つ「ジンベエザメ」や複数のマンタが悠々と泳ぐ巨大な水槽を持つ。

巨大な水槽の「黒潮の海」は見応え抜群

さとうきび畑（宮古島駅）　農林・水産

サトウキビ

サトウキビは、沖縄県の広い範囲で栽培が行われている。収穫されたサトウキビを機械でしぼり、そのしぼり汁を煮つめると風味豊かな黒糖（黒砂糖）が作られる。

サトウキビは、古くから沖縄の農家の暮らしを支えてきた

本部町
もとぶちょう

名護市
なごし

名護湾
なごわん

東シナ海
ひがしシナかい

金武町
きんちょう

太平洋
たいへいよう

金武湾
きんわん

沖縄島
おきなわじま

那覇市
なはし

島しょ部
とうしょぶ

八重山列島
やえやまれっとう

宮古列島
みやこれっとう

西表島
いりおもてじま

石垣島
いしがきじま

与那国島
よなぐにじま

石垣市
いしがきし

宮古島市
みやこじまし

宮古島
みやこじま

※ ■色の項目は「場所」について、■色の項目は「名産品」について解説しています。

沖縄県がよくわかる！ 場所と名産品

ちんすこう屋（那覇駅） 食品

琉球王朝時代から作られている伝統菓子

ちんすこう

小麦粉、砂糖、ラード（豚脂）を混ぜ合わせた生地を焼き上げたお菓子。もともとは琉球王朝の王族などが食べていた宮廷菓子で、庶民が食べられるものではなかった。

サクッとした食感と素朴な甘さが特徴

タコライス屋（金武駅） 食品

手軽でおいしい沖縄のご当地料理

タコライス

メキシコ料理のタコスの具材を、ご飯の上に乗せた沖縄オリジナルのソウルフード。挽き肉を玉ねぎなどで炒めたタコミートに、チーズ、レタスを乗せ、サルサソースをかけたもの。

タコスの「タコ」はスペイン語で軽食の意味

沖縄ソーキそば屋（那覇駅） 食品

沖縄県民が愛する麺料理

沖縄ソーキそば

ソーキ＝豚のあばら骨の部分の肉をそばの上に乗せた沖縄の郷土料理。ソーキは柔らかく煮込んであり箸でさわれば崩れるほど。豚骨と鰹だしを組み合わせたスープが多い。

豚のバラ肉が乗った「三枚肉そば」もある

パイナップル園（石垣島駅） 農林・水産

南国ならではの甘酸っぱい味わい

パイナップル

国産のパイナップルの大部分は沖縄県で栽培され、沖縄本島の北部や石垣島などがおもな産地。輸入パイナップルと異なり、畑で完熟させてから収穫するため甘さが抜群。

手でちぎって食べる小サイズの品種もある

ニガウリ（ゴーヤー） 農林・水産

ニガウリ農園（本部駅）

独特の苦みが人気の島野菜

苦味のある夏野菜。別名ゴーヤーとも呼ばれる。沖縄県を代表する野菜で、沖縄料理の定番の食材として多く使われているが、最近はほかの都道府県でも栽培されるようになった。

熱帯アジア原産で日本には江戸時代に入ってきた

福岡県

駅名	物件名	価格	収益率
① 門司港	🍴 バナナようかん屋	1000万円	25%
	バナナの叩き売り発祥地といわれる門司港の名物・生バナナを練り込んだようかん		
	🍴 焼きカレー屋(2)	1000万円	50%
	鉄道記念パーク	80億円	1%
	門司港レトロ街	100億円	2%
	外国貿易で栄えた時代のレトロな洋館を中心に集めた町並み「門司港レトロ」		
② 小倉	🍴 ぴよぴよまん屋	1000万円	50%
	🍴 焼きうどん屋(2)	1000万円	50%
	乾麺のうどんを使った小倉の焼きうどんはモッチリな食感で焼き目もしっかり香ばしい		
	🍴 豚まん屋	1000万円	80%
	🍴 じんだ煮屋	1000万円	80%
	小倉のじんだ煮はイワシやサバをぬかで炊いた保存食。青魚の臭味が取れうまみ十分		
	🍴 かしわめし屋	1000万円	200%
	住宅地図制作会社	60億円	4%
	🏭 トイレ工場	100億円	3%
③ 飯塚	🍴 チロルクッキー屋	1000万円	50%
	🍴 ラズベリーパイ屋	1000万円	50%
	🍴 白あんまんじゅう屋	1000万円	80%
	🍴 やわらかクッキー屋	1000万円	200%
	ぴよぴよまん工場	3億円	4%
④ 博多	🍴 博多ラーメン屋(2)	1000万円	70%
	🍴 博多通りまん屋	1000万円	80%
	🍴 明太子屋	1億円	3%
	塩漬けのたらこを唐辛子で味付けした博多の名産品で、お土産にも喜ばれる		
	博多人形工房	3億円	2%
	商 大型カメラ店	20億円	10%
	プロ野球チーム	80億円	4%
	商 ヒアルロン酸工場	140億円	5%
⑤ 中洲	🍴 博多ラーメン屋	1000万円	70%
	🍴 野菜巻き串屋	1000万円	100%
	野菜を豚肉で巻いて焼く博多発祥のご当地メニューは、いっぱい食べてもヘルシー		
	🍴 ひとくち餃子屋	1000万円	100%
	通常の餃子と比べて小ぶりなサイズで食べやすい一口餃子は、ビールとの相性抜群		
	🍴 角のうどん屋	1000万円	100%
	🍴 イカ料理屋	2億円	4%
	🍴 老舗うなぎ屋	4億円	3%
	🍴 屋台村	10億円	5%
	カナリヤシティ	1000億円	1%
⑥ 太宰府	🍴 梅が枝餅屋(4)	1000万円	50%
	上品でほのかな甘さのあんを薄い皮に包んで、梅の花の焼き印が押された餅		
	太宰府博物館	230億円	1%
⑦ 糸島	🍴 糸島うどん屋	1000万円	50%
	🍴 カキ小屋(2)	1000万円	80%
	自然豊かな糸島で丹精込めて育てられたカキ。糸島のカキ小屋では熱々が食べられる		
	あまおうイチゴ園(2)	3億円	15%
⑧ 久留米	🍴 焼き鳥屋	1000万円	50%
	鶏をはじめ豚や牛、魚介類、野菜、巻き物などの品数の多さが特徴の久留米焼き鳥		
	🍴 久留米ラーメン屋(2)	1000万円	80%
	久留米ラーメンは九州のとんこつラーメンのルーツ。やや太めでストレート硬めの麺		
	あまおうイチゴ園(2)	5000万円	8%
	商 靴工場	10億円	2%
	🍴 アイス饅頭工場	101億円	3%
	🏭 タイヤ工場	1200億円	2%
	久留米市は世界的なタイヤメーカーである「ブリヂストン発祥の地」		
⑨ 秋月	🍴 葛きり屋(2)	1000万円	80%
	富有柿園	1億円	7%
	商 高取焼き物工房(2)	3億円	2%
	400年の伝統ある高取焼。茶褐色のうわ薬にまだらに乳白のうわ薬をかけるのが特徴		

佐賀県

駅名	物件名	価格	収益率
⑩ 鳥栖	🍴 デザート工場	5億円	2%
	アイスクリームの生産拠点の「森永デザート」工場で有名な佐賀・鳥栖市		
	🍴 鶏肉加工工場	12億円	2%
	🏭 プラスチック工場	26億円	2%
	湿布薬品工場	80億円	4%
	🏭 自転車タイヤ工場	88億円	4%
⑪ 佐賀	🍴 焼き菓子屋	1000万円	50%
	🍴 シシリアンライス屋	1000万円	50%
	🍴 丸ぼうろ屋(2)	1000万円	80%
	とよのかイチゴ園(2)	5000万円	10%
	おもに西日本で流通しているとよのか。香り豊かな品種で佐賀でも生産されている		
	🍴 佐賀牛屋	4億円	2%
	厳しい基準をクリアして初めて名乗れる佐賀牛ブランド。肉はもちろん絶品の品質		
	本丸歴史館	32億円	2%
⑫ 小城	🍴 小城ようかん屋(5)	1000万円	25%
	外側が砂糖の結晶でシャリッとした歯ごたえの伝統製法で作られた小城ようかん		
	🍴 魚ロッケ屋	1000万円	50%
	魚肉のすり身にタマネギやニンジンのみじん切りを入れ、パン粉を付けて揚げたもの		
⑬ 唐津	🍴 松露まんじゅう屋(2)	1000万円	100%
	こしあんを薄いカステラ生地に包み銅板でひとつひとつ丹念に焼き上げるまんじゅう		
	唐津焼き物工房	1億円	1%
	有田地方で製造された磁器で、伊万里港から積み出されたものを「伊万里焼」と呼ぶ		
	🍴 イカの活き造り屋	2億円	10%
⑭ 伊万里	伊万里梨園(2)	5000万円	5%
	伊万里焼き物工房(3)	3億円	4%
⑮ 有田	🍴 有田焼きカレー屋	1000万円	80%
	有田焼き物工房(3)	8億円	1%
	セラミックパーク	40億円	1%

※「物件名」の左のマークは、🍴食品、農林・水産、商商業、工工業、観観光を表します。「物件名」の後の「(2)」などの数字はゲーム内の物件数を表します。

長崎県

駅名	物件名	価格	収益率
⑯佐世保	チューチュー豆乳屋	1000万円	80%
	ロケットのような容器に入った甘い味付き豆乳は、佐世保のご当地ドリンク		
	佐世保バーガー屋(2)	1000万円	80%
	カレー&シュー屋	1億円	5%
	通信販売会社	40億円	3%
	佐世保市には日用品などを通信販売する「ジャパネットたかた」の本社がある		
	造船所(2)	100億円	1%
	ハウスヨーロッパ	200億円	1%
⑰諫早	米おこし屋	1000万円	50%
	加工した米などの穀物を飴で固めた和菓子で、古くから祭や祝いの日に農民が食べた		
	うなぎ蒲焼屋(2)	1億円	8%
	フルーツゼリー工場	22億円	4%
	世界最大級のゼリー生産能力を持つ「たらみ小長井工場」がある長崎・諫早市		
	半導体工場	24億円	10%
⑱長崎	シースケーキ屋	1000万円	50%
	生クリームの上に缶詰の桃とパイナップルが乗る長崎のオリジナルケーキ		
	茶碗蒸し屋	1000万円	50%
	桃まんじゅう屋	1000万円	50%
	縁起がいいとされる桃をかたどったまんじゅう。長崎ではお祭りやお祝いに使われる		
	角煮まんじゅう屋	1000万円	100%
	ふわふわの生地に豚の角煮を挟んだまんじゅう。手軽なお土産として人気		
	鯨カツ弁当屋	1000万円	100%
	トルコライス屋	1億円	3%
	カステラ屋	3億円	3%
	明治維新料亭	40億円	10%
⑲茂木	からくり饅頭屋	1000万円	50%
	びわゼリー屋(3)	1億円	100%
	いけす料亭	3億円	8%

駅名	物件名	価格	収益率
	ウニのぼっかけ丼屋	1000万円	50%
	新鮮なウニが温かいごはんを覆うぜいたくなどんぶり。春から秋にかけてがシーズン		
⑳壱岐	剣先イカ漁(2)	3億円	3%
	壱岐牛牧場	5億円	7%
	壱岐生まれで壱岐育ちの壱岐牛は年間900頭ほどしか出荷されない希少な和牛		
	マグロ漁	10億円	7%
	長崎・壱岐は日本有数のマグロ産地。一本釣りの名人たちが釣る上質の壱岐マグロ		
㉑対馬	対州そば屋(2)	1000万円	80%
	長崎・対馬で栽培される在来品種の対州そば。ほのかな苦みでそばの原種に近い特徴		
	対馬イカ釣り漁(3)	3億円	4%
	栄養たっぷりの対馬海流が育てた対馬のイカは、年間を通じてさまざまな種類が獲れる		
㉒五島	五島うどん屋(2)	1000万円	50%
	ウチワエビ漁	2億円	4%
	年に2カ月間しか獲れない貴重な五島のウチワエビはうちわのような形が特徴		
	黄金アジ漁(2)	8億円	10%
	身が締まってプリプリ食感。金色の腹のアジで"ごんあじ"という名前でも親しまれる		

熊本県

駅名	物件名	価格	収益率
㉓熊本	いきなり団子屋	1000万円	60%
	小麦粉を練って延ばした生地に輪切りのサツマイモと粒あんが入った熊本の郷土菓子		
	熊本ラーメン屋	1000万円	70%
	豚骨スープに、ニンニクのチップやマー油が入るのが特徴		
	タイピーエン屋(2)	1000万円	100%
	植木スイカ畑	8000万円	8%
	皮ぎりぎりの果肉まで強い甘さが特徴の全国的にも有名ブランドの植木スイカ		
	太秋柿園	1億円	10%
	糖度が高く、サクサクとした歯ごたえの大玉の柿。果肉が柔らかく果汁もたっぷり		
	ドモホルン工場	288億円	5%
	ハイテク工場	2500億円	2%
	熊本市には集積回路などに広く利用される半導体を扱うハイテク工場が多く集まる		

駅名	物件名	価格	収益率
	こっぱ餅屋	1000万円	50%
	こっぱ餅は、煮干ししたサツマイモに、もち米と砂糖を加えて作られる郷土菓子		
	うにコロッケ屋	1000万円	100%
	車海老漁(2)	4億円	2%
㉔天草	車えび養殖のルーツの天草で獲れる良質な天草産車エビ。贈り物に重宝される		
	天草豚農場	4億円	4%
	天草プレミアムポークは良質な軟水で育てたブランド豚。柔らかく臭みのない肉質		
	天草四郎時貞記念館	8億円	1%
	リゾートホテル	16億円	10%
	熊本でも特別なリゾート地・天草には露天風呂と海風を感じられる絶景ホテルがある		
㉕八代	ばんぺいゆ畑	5000万円	5%
	桃太郎トマト園(2)	1億円	7%
	塩分濃度の高い干拓地などで栽培される、甘みが強く適度な酸味があるトマト		
	い草畑	1億円	7%
	ネットメロン園	3億円	4%
㉖人吉	栗めし弁当屋(2)	1000万円	80%
	とまと大福屋	1000万円	100%
	キジ馬工房	5000万円	5%
	球磨川下り舟	5000万円	25%
	県内最大の川で、日本三大急流の1つである球磨川は水が透き通ってアユが見える		
	伝統鍛冶工房	1億円	2%
	球磨焼酎酒造	2億円	3%
	米を原料に造られた球磨焼酎は、世界的に認められたブランドのお酒		
	伝統工芸パーク	40億円	1%

長崎は野菜がたっぷり乗った麺料理「長崎ちゃんぽん」も有名

北海道地方 東北地方 関東地方 中部地方 近畿地方 中国・四国地方 九州地方

大分県 水俣

駅名		物件名	価格	収益率
㉗ 水俣	食	ちゃんぽん屋（2）	1000万円	50%
		野菜がたっぷり入り、お店によって味も具材も個性いろいろな水俣のチャンポン		
	食	大判焼き屋	1000万円	50%
	食	コバルトアイス屋	1000万円	100%
	農	タマネギ畑（2）	1億円	4%
		水俣の温暖な気候と潮風が作り出したサラダ玉ねぎは生のままで食べられる		
	水	太刀魚漁	3億円	3%
		刀のように銀色の皮とスマートな見た目の太刀魚は9～10月がベストシーズン		
	工	チッソ工場	78億円	1%
		かつて起きた水俣病はメチル水銀に汚染された魚介類を人が食べることで発生した		

大分県

駅名		物件名	価格	収益率
㉘ 中津	食	鶏のから揚げ屋（3）	1000万円	80%
	食	はも料理屋	1億円	3%
		別府湾で獲れるハモは6～7月頃がシーズン。クセがなく身が締まっているのが特徴		
	観	福沢諭吉記念館	5億円	2%
㉙ 別府	食	だんご汁屋（3）	1000万円	25%
		大分の代表的料理で小麦粉をこねて細長く延ばしただんごを具材に入れたみそ汁		
	食	とり天屋（2）	1000万円	100%
	観	日本旅館（3）	8億円	1%
㉚ 湯布院	食	かぼす醤油屋（2）	1000万円	100%
		大分産のかぼす果汁が入った醤油。爽やかな香りとほろ苦さで料理を引き立たせる		
	食	ロールケーキ屋	1億円	10%
	観	超豪華和風旅館（2）	40億円	2%
		人気の温泉地の由布院温泉郷には一度は泊まってみたい高級旅館がたくさんある		
㉛ 日田	食	日田焼きそば屋（3）	1000万円	100%
		鉄板の上で麺の片面がパリパリになるくらいに焼くのが特徴の日田焼きそば		
	商	日田下駄工房	1億円	3%
		杉の木素材の日田下駄。杉の木目が特徴で、昔ながらの下駄も現代風アレンジもある		
	食	飲料水工場	4億円	1%
		天然活性水素水とも呼ばれる「日田天領水」の製造工場がある大分・日田市		
	観	天領の町並み	60億円	2%
	工	ビール工場	100億円	3%
	工	電気メーカー	3200億円	3%

駅名		物件名	価格	収益率
㉜ 竹田	食	はらふと餅屋	1000万円	50%
	食	三日月和菓子屋（2）	1000万円	100%
	商	姫だるま工房	3000万円	50%
	農	かぼす園（3）	8000万円	10%
		酸味や皮の香りを料理の薬味として使うかぼす。大分県のかぼす生産量は日本一		
	観	滝廉太郎博物館	8億円	1%
㉝ 大分	食	だんご汁屋	1000万円	50%
	食	やせうま菓子屋（2）	1000万円	50%
		だんご汁で使われるひらたい麺にきな粉と砂糖をまぶして食べる大分の郷土料理		
	食	とり天屋（2）	1000万円	80%
		鶏肉を天ぷら粉で揚げたとり天は大分の定番料理。酢醤油かポン酢で食べる		
	農	シイタケ栽培（2）	8000万円	5%
	食	豊後牛ステーキ屋	2億円	2%
		味わい豊かでとろけるような肉質の豊後牛。世界最高の肉用牛品種ともいわれる		

宮崎県

駅名		物件名	価格	収益率
㉞ 西都	農	ニラ畑	8000万円	5%
	農	ピーマン畑（3）	1億円	5%
	食	じとっこ鶏場	2億円	4%
	農	完熟きんかん園	3億円	10%
	農	完熟マンゴー園（2）	8億円	10%
㉟ 宮崎	食	なんじゃ大福屋	1000万円	50%
	食	チーズまんじゅう屋	1000万円	50%
		あんのかわりにチーズを包んだ宮崎のご当地スイーツ。店ごとに味付けも違う		
	食	チキン南蛮屋	1000万円	50%
	食	レタス巻き屋	1000万円	80%
	食	にくまき屋	1000万円	100%
		甘辛く味付けした豚肉でご飯を巻いてオーブンで焼いた宮崎のご当地グルメ		
	水	じとっこ鶏場	4億円	10%
	水	宮崎牛牧場	8億円	10%
	観	ゴルフ場	40億円	1%
		年間を通して温暖な気候でゴルフが一年中楽しめる宮崎。トーナメントコースも多い		
㊱ 都城	農	都城茶畑（2）	5000万円	8%
		周囲を山々に囲まれた都城。霧が太陽の日を和らげ柔らかな葉肉の厚い茶葉が育つ		
	水	じとっこ鶏場（2）	4億円	4%

駅名		物件名	価格	収益率
㊱ 都城	食	ヨーグルト飲料工場	5億円	3%
		都城市には甘酸っぱく昔懐かしい風味の「ヨーグルッペ」の工場がある		

鹿児島県

駅名		物件名	価格	収益率
㊲ 鹿児島	食	さつまあげ屋（2）	1000万円	50%
		魚のすり身を油で揚げたもの。鹿児島では「つけ揚げ」とも呼ばれるご当地グルメ		
	食	かるかん饅頭屋	1000万円	80%
		ヤマノイモをおろして、かるかん粉と呼ぶ米粉と砂糖を加えて蒸し上げたお菓子		
	食	鹿児島ラーメン屋	1000万円	100%
	食	氷白くま屋	3000万円	100%
		練乳をかけたかき氷に、フルーツや小豆などを盛り付けた鹿児島のご当地スイーツ		
	食	六白キャベツ丼屋	1億円	10%
	食	黒豚しゃぶしゃぶ屋	2億円	7%
	観	明治維新記念館	15億円	1%
㊳ 桜島	農	桜島ダイコン畑（2）	5000万円	5%
	農	桜島小みかん畑（3）	8000万円	10%
		桜島小ミカンは、直径わずか4～5cmと小さいけど濃厚な甘さと香りが抜群		
㊴ 鹿屋	農	落花生畑	5000万円	5%
	農	サツマイモ畑（4）	8000万円	5%
		鹿児島はサツマイモの生産量が日本一。食物繊維たっぷりで甘みがある		
	農	黒豚農場（2）	3億円	4%
		鹿児島県は豚の頭数が日本一。かごしま黒豚は、鹿児島のブランド豚で人気が高い		
	水	カンパチ漁	5億円	7%
		鹿屋は、錦江湾でのカンパチ養殖が盛ん。カンパチは歯ごたえのある食感が特徴		
㊵ 知覧	食	あくまき屋	1000万円	80%
	農	知覧茶畑	5000万円	8%
		鹿児島は静岡に次ぐ茶の生産量。知覧茶はまろやかな香りと上品な香りが特徴		
	農	知覧紅芋畑	1億円	10%
		サツマイモの中でも鮮やかな紅色をした品種の知覧紅は鹿児島・知覧で生産される		
	観	特攻隊記念館	16億円	3%
	観	武家屋敷群	20億円	4%
		知覧には江戸時代に造られた武家屋敷群が今も残り、「薩摩の小京都」ともいわれる		

※「物件名」の左のマークは、食食品、農農林・水産、商商業、工工業、観観光を表します。「物件名」の後の「（2）」などの数字はゲーム内の物件数を表します。

駅名	物件名	価格	収益率
㊶ 枕崎	🍴 カツオ船人めし屋 (2)	1000万円	50%
	漁師が釣ったカツオを船上でさばいて食べる漁師めしで、枕崎のご当地グルメ		
	🏪 カツオブシ工場 (2)	1億円	1%
	🏪 カツオ漁船団	8億円	2%
	枕崎のカツオ漁は竿一本で釣る日本古来の漁法。カツオの扱いが丁寧で鮮度抜群		
㊷ 種子島	🏪 鉄砲伝来グッズ屋	1000万円	50%
	🌾 サトウキビ畑 (2)	5000万円	4%
	🌾 安納イモ畑 (2)	1億円	10%
	焼き芋にすると甘みが強くネットリした食感となる安納芋は、種子島での栽培が盛ん		
㊸ 屋久島	🌾 ポンカン園 (2)	5000万円	5%
	すっぱさが少なく、香りと甘みが強いポンカンは屋久島の名産で人気の高い果実		
	🌾 タンカン園 (2)	8000万円	5%
	🏪 屋久杉工房	3億円	1%
	鹿児島の屋久島に自生する杉で、木目が細かい。特別天然記念物にもなっている		
	🏪 トビウオ漁船団 (2)	8億円	5%
	鹿児島県はトビウオの収穫量が日本一。昔から干物や高級すり身として親しまれている		
	🏨 リゾートホテル	20億円	1%
㊹ 奄美大島	🍴 鶏飯屋	1000万円	80%
	鶏肉や甘辛く煮た椎茸、錦糸卵などが乗ったご飯の上に鶏ガラスープをかけた郷土料理		
	🌾 サトウキビ畑 (2)	5000万円	8%
	奄美大島では、砂糖の原料となるサトウキビ栽培が古くから盛んで今なお重要な産業		
	🍴 大島紬工房	4億円	1%
	🍴 焼酎工場	10億円	3%
	奄美大島のサトウキビから造られた黒糖を使った焼酎が有名。甘い香りが特徴だ		

沖縄県

駅名	物件名	価格	収益率
㊺ 大宜味	🍴 シークワーサー屋 (2)	1000万円	100%
	シークワーサーはレモンのような爽やかな酸味でジュースなどのアクセントで使用		
	🌾 マンゴー農園 (2)	8000万円	5%
	トロピカルフルーツの完熟マンゴー。沖縄県はマンゴーの生産量が日本一		
	🏪 芭蕉布工房	4億円	4%
	糸芭蕉という植物で、その茎の繊維から取り出した糸で作る織物は着心地も快適		

駅名	物件名	価格	収益率
㊻ 名護	🍴 豆腐よう屋	1000万円	50%
	豆腐を泡盛や紅こうじという赤色の菌に漬け長時間かけて発酵させて作る郷土料理		
	🍴 ソーキそば屋 (2)	1000万円	100%
	沖縄そばにソーキ豚のスペアリブが乗ったご当地グルメで、人気も高い		
	🏪 琉球ガラス工房 (2)	2億円	3%
	🏪 アグー豚農場 (2)	6億円	2%
	優れた肉質を持ち、1頭から取れる肉の量が少ないため希少価値の高いブランド豚		
	🏪 シーサー工場	8億円	1%
	沖縄で広く見られる魔除けの獅子。屋根の上にオスとメス2体で置くのが基本		
㊼ 本部	🍴 シークワーサー屋 (2)	1000万円	50%
	🍴 沖縄ぜんざい屋	1000万円	80%
	沖縄ぜんざいは、黒糖で煮た金時豆とその煮汁を冷やし、白玉とカキ氷を乗せたもの		
	🌾 ニガウリ農園 (2)	5000万円	10%
	🌾 カーブチー農園 (2)	5000万円	10%
	沖縄在来のミカン・カーブチーは、秋に収穫される。皮が厚くてさわやかな香りが特徴		
	🏨 ちゅらら水族館	200億円	2%
㊽ うるま	🍴 ちんすこう屋	1000万円	50%
	🏪 照間イグサ工房 (2)	5000万円	10%
	🌾 うるま茶畑 (2)	5000万円	8%
㊾ 金武	🍴 タコライス屋 (3)	1000万円	100%
	🍴 ニンジンしりしり屋	1000万円	50%
	千切りニンジンを卵や、牛肉を塩漬け缶詰のコンビーフと一緒に炒めた沖縄の郷土料理		
	🍴 チャンプルー屋	1000万円	50%
	チャンプルーは「ごちゃまぜ」の沖縄方言で、野菜や豆腐などを炒めた沖縄料理		
㊿ 那覇	🍴 沖縄ソーキそば屋	1000万円	80%
	🍴 サーターアンダギ屋	1000万円	80%
	小麦粉、砂糖、卵などを混ぜ、低温で揚げたドーナッツ風のお菓子で食べ応えあり		
	🍴 ちんすこう屋	1000万円	80%
	🍴 ステーキハウス	4億円	2%
	沖縄料理以外にも、食文化にステーキが根付いた那覇にはおいしいお店がいっぱい		
	🏨 リゾートホテル	60億円	2%
	🏨 水族館	60億円	3%

駅名	物件名	価格	収益率
(51) 久米島	🏪 車エビ漁	5000万円	5%
	久米島では、海洋深層水で大切に育てられた稚海老を使った車エビの養殖が盛ん		
	🏪 久米島がすり工房 (2)	1億円	2%
	カイコからの真綿でつむいだ糸で、天然の草木や泥染めによって染め手織りした織物		
	🍴 泡盛酒造工場	3億円	2%
	泡盛は沖縄で造られる蒸留酒。タイ米を主な原料としており、甘い香りと濃厚な味		
	🏨 リゾートホテル	30億円	4%
(52) 宮古島	🍴 宮古そば屋	1000万円	50%
	🏪 さとうきび畑 (2)	5000万円	8%
	🍴 宮古上布工房	1億円	2%
	沖縄・宮古島で作られている織物。麻でできた織物の中でも最高級品といわれる		
	🍴 泡盛酒造工場	3億円	2%
	🍴 宮古牛工場	5億円	3%
	🏨 リゾートホテル	30億円	2%
	きれいな海が広がる宮古島には、ゆっくりくつろげる高級リゾートホテルがいっぱい		
	🏨 ゴルフ場	50億円	2%
	自然豊かな宮古島では、海を眺めつつ自然の浜風を浴びながらゴルフができる		
(53) 石垣島	🍴 からそば屋	1000万円	50%
	沖縄家庭料理のからそばは、八重山そばと醤油とツナ缶を混ぜればできる簡単グルメ		
	🏪 琉球ガラス工房 (3)	1億円	3%
	🏪 パイナップル園	1億円	4%
	🏪 マンゴー園 (2)	3億円	7%
	🍴 石垣牛屋	4億円	7%

海外

駅名	物件名	価格	収益率
① ホノルル	🍴 ロコモコ丼屋	1000万円	80%
	🍴 パンケーキ屋	1000万円	100%
	🏪 アロハシャツ屋	1億円	50%
	🏪 ウクレレ工房	4億円	50%
	🌾 パイナップル園 (2)	5億円	10%
	🏨 リゾートホテル	400億円	4%

監修

村瀬哲史（むらせ・あきふみ）

1972年3月11日、大阪府生まれ。東進ハイスクール 東進衛星予備校地理科講師。わかりやすく、理解しながら覚えられる授業が好評。キャラのある関西弁と聞き取りやすい声で話す。『ネプリーグ』（フジテレビ系）ほかテレビのバラエティ番組や情報番組などでも活躍。著書に『常識なのに！大人も答えられない都道府県のギモン』『常識なのに！大人も実は知らない小学社会科のギモン』（ともに宝島社）のほか、参考書多数。

装丁 ……………… クマガイグラフィックス
本文デザイン ……… Super Big BOMBER INC.
ＤＴＰ …………… 但馬園子
編集 …………………… ゴーシュ
　　　　　　　　（五島 洪、宮川あかね、菊地葉月、小野寺淑美）
編集協力………… 形部雅彦、タトラエディット
執筆 ……………… バウンド、伊東孝晃、堀 俊夫
地図制作 ………… 周地社
企画・編集……… 九内俊彦

桃太郎電鉄でわかる都道府県大図鑑

2021年 7 月27日　第1刷発行
2022年 7 月 1 日　第6刷発行

監　修　村瀬哲史
　　　　株式会社コナミデジタルエンタテインメント
発行人　蓮見清一
発行所　株式会社宝島社
　　　　〒102-8388　東京都千代田区一番町25番地
　　　　電話　営業:03-3234-4621
　　　　　　　編集:03-3239-0926
　　　　https://tkj.jp

印刷・製本　株式会社広済堂ネクスト

●写真提供
青森県立美術館／青森県立三沢航空科学館／明日香村／アドベンチャーワールド／アトリエ・ロッキー／天草四郎ミュージアム／阿波おどり会館／伊賀流忍者博物館／石ノ森萬画館／維新ふるさと館／茨城大学五浦美術文化研究所／イヨボヤ会館／宇和島市営闘牛場／越前松島水族館／大塚国際美術館／大原美術館／沖縄美ら海水族館／オホーツク流氷館／おやつカンパニー／オルビス／海遊館／偕楽園／鴨川シーワールド／桔梗屋／崎陽軒／京都鉄道博物館／黒壁／五所川原市／埼玉スタジアム2002／佐渡西三川ゴールドパーク／JFEスチール／子規記念博物館／修善寺 虹の郷／スパリゾートハワイアンズ／高岡コロッケ実行委員会／高岡市万葉歴史館／竹田市／太宰治記念館／但馬國出石観光協会／立倭武多の館／彫刻の森芸術文化財団／知覧特攻平和会館／鶴岡市立加茂水族館／津和野町／鉄道博物館／鉄の歴史館／天王寺動物園／東尋坊観光遊覧船／藤村記念郷／洞爺湖ビジターセンター・火山科学館／徳島製粉／土佐清水市観光協会／トヨタ自動車／長野県立美術館／中原中也記念館／名古屋みなと振興財団／任天堂／のぼりべつクマ牧場／パナソニック／浜頓別町／浜松市文化振興財団／彦根仏壇事業協同組合／伏木富山港・海王丸財団／松本民芸家具／南ヶ丘牧場／みんなで伊勢を良くし本気で日本と世界を変える人達が集まる／安来観光協会／大和ミュージアム／養命酒製造／龍遊館